도덕경의 이해

노자와 함께하는 삶의 원리

도덕경의 이해

노자와 함께하는 삶의 원리

머리말

어느 날 도덕경을 우연히 접하고 나서 저도 모르게 빠져들었습니다. 삶에 대해 깊이 돌아보며, 지나온 시간을 회상해 보던 기간이었기에 저에게 더 가까이 다가온 듯합니다.

노자의 생각을 따라가 보고자 나름대로 열심히 노력해 보았습니다. 그런 가운데 살아가면서 가장 중요한 삶의 원리들을 생각할 수 있는 계기가 되었습니다.

과학의 가장 중요한 것은 자연의 원리를 찾는 것입니다. 2,500년 전이지만 노자는 이러한 자연의 원리를 우리 삶의 원리와 접목 시켰다는 것에 놀라움을 금할 수 없었습니다. 인간도 자연의 일부이기에 그 원리를 따라 살면 진정으로 의미 있고 가치 있는 삶이 가능하다는 것을 도덕경을 읽으며 알게 되었습니다.

저는 한문학자이거나 철학자가 아닙니다. 순수한 이론물리학자입니다. 따라서 도덕경을 깊이 있게 해석할 수 있거나 노자의 철학에 대해 말할 능력은 되지 못합니다. 저는 도덕경을 읽고 제가 삶을 바로 보는 것에 많은 감동을 받았기에 그저 제 조그만 경험을 나누고 싶을 뿐입니다.

시간이 날 때마다 저 스스로 도덕경을 읽으며 노자와 함께 삶의 원리를 파악하여 우리 일상에 적용을 하면 좀 더 나은 삶이 가능하지 않을까 싶어 제 나름대로 노력하고 생각했던 것을 순수한 마음으로 기록해 보았습니다.

　비록 부족한 것이 많겠지만 널리 이해해 주시고 편하게 읽어주시기를 바랍니다. 나름대로 도덕경에 대한 여러 가지 책도 읽고 이해하고자 노력하였지만, 한계가 있다는 것을 잘 압니다. 하지만 무엇이든지 해봐야 얻을 게 있을 것 같아 부끄러움을 무릅쓰고 책으로 묶어 보았습니다. 이로 인해 제 스스로 더 많이 배우고 느낄 수 있는 기회라도 있기를 바랍니다. 또한, 저의 경험을 다른 분들과 나눔으로써 다만 한 분에게라도 조그만 도움이 된다면 더 바랄 것이 없겠습니다.

2021.9.

초가을 문턱에서

지은이

차례

차례

변하는 나

지구상에 있는 모든 것은 변한다. 지구뿐만 아니라 우주 공간에 존재하는 모든 것은 다 변해 간다. 변하지 않고 항상 그 상태로 존재하는 것은 없다. 지구에 빛과 열을 항상 공급해 주는 태양도 매일 똑같은 태양은 아니다. 그 태양도 시간이 지나면서 변해 간다. 수명이 100억 년이 되는 별이지만 오늘의 태양은 어제의 태양이 아니다.

모든 생명체도 태어나서 성장을 하고 결국엔 죽는다. 우주 공간 안에 존재하는 그 어떤 것도 시간의 흐름 속에서 그 모습을 달리하며 하루가 다르게 변해 간다.

사람의 내면도 마찬가지이다. 태어나 갓난아기였지만 시간이 지남에 따라 외면의 모습이 변하는 것처럼 내면도 변해 간다. 나도 마찬가지로 나의 내면이 많이 변해왔고, 앞으로도 변해 갈 것이다.

하이데거의 존재와 시간의 핵심 개념은 존재는 시간 속에서 의미가 있다는 것이다. 시간 속의 존재란 변화하는 존재를 말한다. 문제는 그 변화가 어느 방향으로 어떻게 이루어지느냐가 중요하다.

절대적으로 옳은 답을 찾고자 하는 과학의 법칙도 변한다. 뉴턴의 운동 법칙도 20세기 현대과학에 이르러서 상대성이론과 양자역학으로 대체되었다. 절대적인 시공간의 개념도 현대에 이르러서 상대적인 시공간으로 바뀌었다. 현대과학이 옳다고 믿는 것도 시간이 흘러 미래에 이르면 또 다른 새로운 과학으로 대체될 것은 뻔하다.

패러다임도 바뀐다. 그 시대 사람들이 생각하는 인식체계 자체도 변하는 것이다. 절대주의 세계관이 상대적인 세계관으로 바뀌듯이 시간의 흐름에 따라 시대를 아우르는 사고체계도 변하는 것이다.

내 자신도 변해야 한다. 예전의 안 좋은 모습이나 부끄러운 내 자신을 계속 돌아보면서 더 나은 모습이 될 수 있도록 노력해야 한다. 하지만 과거에 얽매어서, 습관에 익숙해서, 쉽고 편해서, 내 자신을 깨나가는 것에 부지런하지 못함에 답답함을 느끼기도 한다. 모든 존재가 변화 속에 의미 있듯이, 나의 존재도 변화 속에 생명이 있을진대 예전의 모습이 쉽게 변하지 않는 것을 보면 부끄러울 뿐이다.

도덕경 1장에서도 변화를 강조한다.

道可道, 非常道,
名可名, 非常名.
無名 天地之始,
有名 萬物之母,
故常無欲以觀其妙,
常有欲以觀其傲.
此兩者.
同出而異名.
同謂之玄,
玄之又玄,
衆妙之門.

도를 도라고 말하면 그것은 참도(상도)가 아니고,
이름을 이름이라 하면 그것은 참이름(상명)이 아니다.
이름이 없음은 천지의 시작이요. 이름이 있음은 만물의 어머니이다.
그러므로 욕심이 없으면 그 묘함을 볼 수 있고,
욕심이 있으면 그 가장자리를 본다.
이 양자는 같은 근본에서 나왔으나 그 이름을 달리한다.

이것을 한 가지로 말할 때 현이라 한다.
현하고 현한데, 모든 묘함이 이 문에서 나온다.

　비상도란 영원히 불변하는 것이 존재하지 않는다는 뜻이다. 모든 존재는 변화 속에 의미가 있다. 욕심을 버리고 내 자신을 내려놓으면 자신의 독단과 아집에서 벗어나 가장 중요한 그 묘함 즉 원리를 알 수 있고, 욕심을 벗어나지 못한 채 자신을 주장하며 새롭게 변화하지 않고 고집한다면 중요한 것, 즉 묘함이나 원리를 알 수 없고 중요하지 않은 가장자리 같은 것만 알게 된다는 것이다.
　도덕경 1장은 마음을 비우며 내려놓음으로써 계속해서 더 나은 모습으로 변해 가는 것이 진정한 나를 찾아가는 과정이며, 변화를 추구하지 않는다면, 발전은 커녕 독단과 아집에 빠지게 되는 것이다.
　니체의 "차라투스트라는 이렇게 말했다"에도 비슷한 구절이 나온다.
　"차라투스트라가 숲에서 가장 가까운 도시로 들어섰을 때, 그는 시장에 군중들이 모여 있는 것을 보았다. 줄타기 광대의 공연이 예고되어 있었던 것이다. 차라투스트라는 군중을 향해 이렇게 말했다. 그대들에게 초인을 가르치려 하노라. 인간은 극복되어야 할 그 무엇이다. 그대들은 자신을 극복하기 위해 무엇을 했는가? 지금까지 모든 존재는 자신을 넘어서 그 무엇인가를 창조해 왔다. 그런데도 그대들은 이 거대한 밀물의 한가운데서 썰물이 되기를, 자신을 극복하기보다는 동물로 되돌아가기를 원하는가?"
　그렇다. 차라투스트라가 얘기하는 초인은 바로 도덕경의 상도와 다름 아니다. 변하기 위해 최선을 다하는 곳에 나의 존재의 의미가 있다. 그러기 위해 오늘 나는 무엇을 해야 하는가? 변하려 노력하는 것, 그것이 나의 길이다. 그것이 진정한 길이다.

답은 없다

 주위에서 우유부단하다는 말을 많이 듣곤 한다. 줏대가 없다는 얘기도 듣는다. 어떤 주장을 잘 하지 않기 때문일 것이다. 친구들이나 동료들하고 얘기할 때는 사실 다 옳은 느낌이 든다. 양쪽 주장이 틀리는데도 얘기를 듣다 보면 양쪽이 다 맞는 것 같다. 그래서 우유부단하다는 말을 듣는 것 같다. 나는 뉴스를 거의 시청하지 않는다. 세상 돌아가는 데 관심 없는 것은 아니지만 재미가 없다.
 사람들을 만날 때도 본인의 주장이 강한 사람은 만나기가 부담스럽다. 자신의 의견을 관철하려 노력하는 사람도 왠지 불편하다. 그냥 편한 얘기나 하고 재미있는 얘기하는 사람하고 시간을 보내고 싶을 뿐이다.
 나는 삶에는 답이 없다고 확신한다. 나부터도 그렇다. 오래전에 옳다고 맞다고 생각했던 것이 시간이 지나 보면 그렇지 않았다는 것을 알게 되곤 한다. 당시에는 정답이라 생각해서 그것을 위해 열심히 노력하고 살았는데 지나고 와서 보니 잘못 생각했던 것이다. 지금 내가 생각하고 있는 것도 답이 아닐 수 있다. 시간이 지나서 얼마 후에 보면 다른 것이 답일 수 있기 때문이다. 그래서 그런지 친구들과 정치나 종교나 그런 얘기하는 것을 나는 피하곤 한다. 물론 얘기할 수는 있겠지만 주장하는 것은 싫어한다. 여당이나 야당이나 나는 다 도토리 키재기 정도인 듯한 생각이 드는 것은 어쩔 수 없는 사실이다.
 친구들과 식당에 가면 사실 나는 메뉴판도 필요 없다. 친구들이 뭐 먹을지 물어보면 그냥 아무거나 먹는다고 한다. 그러면 친구들이 아무거나가 뭐냐고 한다. 그런 메뉴는 없다고, 그럼 식당 사장님한테 "사장님, 오늘 맛있는 거 뭐예요?" 하고 물어보고 그냥 그거 달라고 한다. 그러면 정말 맛있는 음식을 먹게 된다. 나한테는 사실 맛없는 음식은 없지만.

물건을 고를 때도 마찬가지다. 마트에 가서 무엇을 사려고 하면 고르는 데 10초도 안 걸린다. 그냥 딱 보고 산다. 그리고 사용해 보면 별 차이가 없는 것 같다. 물론 다른 사람에게는 차이가 많을지 모르지만.

이발을 하러 가서도 미용실 사장님한테 "이쁘게 깎아주세요."하고 그냥 앉아서 눈을 감고 잔다. 다 깎고 나면 이쁘다. 머리를 어떻게 자르건 나를 쳐다보는 사람도 없는데 아무 상관이 없다.

나의 우유부단함도 답이 아닐 수 있다. 하지만 예전엔 우유부단하지 않았다. 그런데 갈수록 더 우유부단해지는 이유를 나도 잘 모르겠다. 아마 살아가는 것 자체가 답을 찾기 위한 과정이 아니기에 그럴지도 모른다.

도덕경 2장은

天下皆知美之爲美,
斯惡已,
皆知善之爲善,
斯不善已.
故有無相生, 難易相成,
長短相較, 高下相傾,
音聲相和, 前後相隨.
是以聖人處無爲之事,
行不言之敎.

천하가 다 미가 미임을 알지만, 이는 추함일 뿐이고,
다 선이 선임을 알지만, 이는 불선이다.
그러므로 있고 없음이 서로 생기고,
어려움과 쉬움은 서로 이루고,

길고 짧음은 서로 비교되고,

높고 낮음은 서로 기울고,

음성은 서로 화하고,

앞과 뒤는 서로 따른다.

이런 관계로 성인은 무위의 일에 몸을 두고 무언의 가르침을 행한다.

　노자는 아름다움과 추함, 선과 악의 편 가르기는 의미가 없다고 한다. 어떤 것이 아름다운 것이고 어떤 것이 아름답지 않은 것일까? 어떤 것이 선이며 어떤 것이 악일까? 어느 당이 옳고 어느 당이 틀렸을까? 내가 항상 옳고 다른 사람은 항상 틀린 걸까? 아니면 내가 틀리고 다른 사람이 옳은 걸까?

　존재하는 것은 모두가 다 의미가 있다. 서로 상생해야 한다. 배척은 몰락을 낳는다. 비록 상대가 부족하더라도 품고 안아줘야 한다. 내가 부족한 점이 많더라도 나를 있는 그대로 받아 주는 사람이 나의 사람이다. 이 지구상에 있는 그 어떤 존재도 완벽한 것은 없다. 부족하기에 서로 채워가야 한다. 그러기에 우리는 인간일 뿐이다. 선하지 않은 것이 있기에 그를 바탕으로 더욱 선하려 노력해야 한다. 그러다 보면 선하지 않은 것도 언젠가는 선해질 가능성이 있다. 그렇게 되지 않을 수도 있지만, 자연의 섭리는 그럴 것이라고 노자는 주장하는 것이다.

　나에게는 어려운 시절이 너무 길었다. 어려운 시절이 길었기에 좋은 시절도 오래되기를 바라고 싶다. 좋은 시절 중에도 어려운 시절이 또 찾아오곤 한다. 하지만 어려운 시절을 버티어왔기에 그리 걱정이 되지는 않는다. 이제 아무 행함도 없이 살아가고자 한다. 답이 없기에 대충 살아갈 것이다.

　존재는 어찌 보면 의미다. 의미는 살아있음이다. 살아있음을 느끼는 것이다. 살아있음을 느낀다는 것은 내가 여기 있다는 것을 인식하는 것이다. 내가 하고자 하는 것, 내가 하고 싶은 것으로써 나의 있음을 증명할 수 있는 것이다. 이것은 추구가 아니다. 단순한 어떠한 것을 하는 것이다. 내가 있기에 그냥 하는 것이다. 즉, 나만 있으면 된다. 다른 것은 아무 필요 없다. 다른 것을 추구하게 되면서 나의 있음을 잃게 된다. 거기서 모든 아픔과 고통이 따른다. 그것을 버려야 진정한 나를 회복할 수 있다.

삶은 있음으로 만족해야 하는데 나부터 그것을 못 한다. 나를 제외한 모든 것은 공이다. 즉, 없음이다. 좋아하고 싫어함이 생김에 공이 사라진다. 아무 의미 없는 공을 추구하는 것에 불과한 것이다. 그로부터 나를 찾을 수 없게 된다.

대학교 1학년 때 에리히 프롬의 소유냐 존재냐(To have or To be)를 읽었다. 모든 것을 소유할 필요가 없다는 것을 알면서도, 이제까지 많은 것을 소유하려 노력해 온 내 자신이 부끄러울 따름이다. 어떤 것을 소유하려는 순간 발전은 없다. 거기에 집착하기 때문이다. 소유하지 않아야 더 좋은 방향으로 되어갈 수 있다. 소유는 욕심에 사로잡혀 살아갈 수밖에 없고, 존재는 살아있음의 기쁨을 누리며 살 수 있다. 소유는 자족이란 단어를 없앤다. 그러기에 다툼만 있을 뿐 평안은 없다.

이 세상에 내 것은 아무것도 없다. 나 자신 외에는 모든 것이 내 것이 아니다. 자식도 내 것이 아니다. 가족도 내 것이 아니다. 그러기에 자식이나 가족은 내 마음대로 절대 안 된다. 그런데 내 마음대로 되게하기 위해 부단히 노력한다. 그냥 다 내버려 두어야 하는데 그것을 못 한다. 그러기에 아픔이 온다. 자신 스스로 만들어 낸 아픔인데도 다른 데서 그 아픔의 원인을 찾는다.

나는 이제 모든 것을 그냥 지켜보기만 하고, 내버려 두어야겠다는 생각을 한다. 그것이 어렵다는 것을 잘 알고 있다. 하지만 노력하고 연습해야 한다.

도덕경 2장의 후반부에는

萬物作焉而不辭,
生而不有,
爲而不恃.
功成而弗居,
夫唯弗居, 是以不去.

만물이 일어나도 막지 않고, 생겨도 갖지 않으며,
어떤 일을 되게 하면서도 의지하지 않고,
공을 이루어도 그곳에 거하지 않는다.
다만 그곳에 거하지 않으니, 이로써 사라지지도 않는다.

　나는 언제부턴가 내가 가지고 있는 것을 버리기로 했다. 모든 것을 한
꺼번에 버릴 수는 없기에 하나하나씩 버리기로 했다. 그럴 용기가 이제
조금씩 생긴다. 내가 가지고 있는 것이 하나도 남아 있지 않을 때까지 버
릴 것이다. 나의 마음부터 비우려 한다. 소유하려는 마음, 어떤 것에 집
착하려는 욕심부터 버리려 한다. 좋아함도 소유하지 않고, 그냥 좋아하
려 한다. 사랑도 소유하지 않고, 그냥 사랑하려 한다. 나의 삶도 소유하
지 않고, 그냥 살아가려 한다. 나는 그냥 여기 지금 있으면 된다.
　나는 어디에도 머무르지 않으려 한다. 머무르고자 할 때 소유하고자 하
는 마음이 생긴다. 내가 어디로 가야 할지는 모른다. 하지만 항상 떠나
려 한다. 아무것도 가진 것이 없어야 머무르지 않을 수 있다. 가진 것이
많을수록 가기가 힘들다. 이전에 가보지 않을 곳을 가야 하지 않겠는가?
너무나 아름답고 너무나 기쁘고 너무나 살아있음을 느낄 수 있는 그곳으
로 가봐야 하지 않겠는가? 내 것이 없을수록 떠나기는 쉬울 것이다. 버
리고 떠나야 한다. 내 것은 없기에. 내 것은 하나도 없기에.

진정으로 똑똑한 사람

　사람들이 다투는 것은 본인 스스로 옳다고 서로 믿기 때문이다. 자신의 주장을 관철시키고, 상대방을 이겨야 직성이 풀린다. 단지 이기기 위해 다툴 뿐이다. 그 근본 원인에는 관심이 없고, 다툼 이후를 생각하지 않는다. 어떤 상황도 불사하며, 조심스러워 하지도 않는다. 다툼에서 진다면 자신의 존재가 무의미하다고 생각한다.

　지나고 나면 본인이 이해하지 못하고 알지 못했던 것을 뒤늦게 깨닫는다. 하지만 마음의 여유를 가지고 모든 것을 살피는 사람은 드물다. 일단 싸움이 시작되면 다른 사람의 형편은 살피지도 않고 그냥 폭주 기관차로 돌변한다. 그로 인해 소중한 것들을 잃게 된다.

도덕경 3장은 말한다.

不尙賢, 使民不爭,
不貴難得之貨, 使民不爲盜,
不見可欲, 使民心不亂.
是以聖人之治,
虛其心, 實其腹,
弱其志, 强其骨.
常使民無知無欲,
使夫智者不敢爲也.
爲無爲,
則無不治.

똑똑한 사람들을 숭상하지 말라.

백성을 다투지 않게 하라.

얻기 어려운 재화를 귀하게 만들지 말라.

백성을 도둑질하지 않게 하며,

갖고 싶어하는 것을 보이지 말라.

백성의 마음을 어지럽게 하지 말라.

그러므로 성인의 다스림은

그 마음을 비게 하여

그 배를 채우고,

그 뜻을 약하게 하여

그 뼈를 튼튼하게 한다.

그리하여 항상 백성을 무지무욕하게 하고,

이른바 아는 자로 하여금

아무것도 하지 못하게 한다.

이와 같이 무위를 행하면

다스려지지 않는 법이 없다.

　노자는 왜 똑똑한 사람을 숭상하지 말라고 했을까? 우리가 가지고 있는 상식으로는 오히려 똑똑한 사람을 좋아해야 하는 것이 아닐까?

　본인이 많이 알고 똑똑하다고 생각할수록 다툼이 많아지는 경우가 있다. 그런 사람일수록 다른 사람을 잘 받아들이지 않는 경우가 많기 때문이다. 여기에 딜레마가 있다. 진정한 지혜는 자신이 잘못이 있을 것이라는 가능성을 가지고 있는 마음이 열린 상태에서 나온다. 자신이 항상 옳다고 생각하는 사람은 자신의 세계에 갇혀 다른 것을 볼 수 있는 안목이 생기지 않는다. 많이 알고 똑똑하다고 해서 그 사람이 인생을 다 아는 것은 아니다.

　진정으로 현명한 사람은 자신의 한계를 깨뜨려가는 사람이다. 그를 위한 첫 번째 단계가 자신이 옳지 않을 수 있다는 가능성을 항상 생각하는 것이다. 그러기에 그는 다툼을 하지 않는다. 싸움을 걸어도 싸우려 하지 않는다. 그런 사람이 진정으로 현명한 사람이다. 그런 다툼의 시간은 의미가 없는 시간이라는 것을 잘 안다.

욕심이 많은 사람일수록 자신의 주장을 양보하지 않는다. 그로 인해 주위가 편하지 않다. 모든 것이 자신의 욕심대로 되기를 바라지만 그런 경우는 일어나지 않는데도 불구하고 그것을 받아들이지 못한다.

무지무욕이 진정한 지혜라는 것을 노자는 일찍이 간파했다. 그러기에 마음을 비우고 나의 뜻을 약하게 하여 주장을 하지 않는 것이 진정한 지혜로운 자의 선택이 아닐까 싶다. 주위에 그런 사람들이 많기를 바랄 뿐이다.

비움이라는 보편법칙

　자연의 이치건 세상살이의 이치건 그다지 큰 차이가 없다. 자연과학에서는 모든 경우에 통용되는 이치를 보편법칙이라고 한다. 예를 들어, 우주 공간에서의 모든 물체는 만유인력에 의해 영향을 받는다. 따라서 만유인력은 보편법칙이다.

　우리 삶에 있어서도 보편법칙이 있다. 예를 들어 노자가 이야기하는 '도'가 바로 보편법칙이라 할 수 있다. 기독교에서의 '사랑', 불교의 '자비', 유교는 '인'도 마찬가지로 보편법칙이다. 어떻게 하면 이러한 보편법칙을 우리 생활에 적용하며 살아갈 수 있을까? 그것이 가능하기 위해서는 우리의 마음을 텅 비워야 한다.

　마음에 미움이 있으면 사랑이 불가능하니 마음을 비워야 한다. 마음에 거리낌이 있으면 자비할 수 없으니 또한 비워야 한다. 어진 마음도 마찬가지다. 그러기에 비움이 근본이다. 노자가 말하는 '도'의 경우에도 마찬가지일 것이다.

도덕경 4장이 바로 이를 이야기하고 있다.

道沖而用之,
或不盈.
淵兮! 似萬物之宗.
挫其銳, 解其紛,
和其光, 同其塵.
湛兮! 似或存.

吾不知誰之子,
象帝之先.

도는 텅 비었도다.
이를 사용해도 차지 않으며,
깊고 깊어서 만물의 근본 같다.
도는 만물의 예리한 끝을 꺾어 무디게 하고,
그 빛을 부드럽게 하여
그 티끌을 고르게 한다.
깊고 깊어서 무언가가 있는 것 같이 보인다.
내가 누구의 아들인지 모르겠는데,
천제보다 앞선 것 같다.

　비운다는 것은 결코 쉽지 않은 일이다. 자신을 주장하지 말아야 하기 때문이다. 자신을 우선시하는 순간 비움에서 멀어질 수 있다. 내 자신이 별게 아니라는 인식을 해야만이 비움이 가능하다. 우리 자신이 길거리의 돌멩이나, 풀 한 포기와 다를 바 없다는 것을 마음 깊이 느낄 때 비움이 가능하다.
　우리의 삶에서 우리 자신을 소중히 여기는 것은 중요하지만, 그것이 지나쳐 자신의 모든 것이 옳고 자신이 모든 것의 기준이 된다고 생각하는 순간, 그의 삶은 채움의 삶이 될 수밖에 없다. 채움에는 만족하기가 쉽지 않다. 채움의 본질은 끝없이 계속해서 누적하는 데 있기 때문에 끝을 모른 채 살아갈 수밖에 없다. 그러기에 부딪히고, 다툼이 있고 불행이 계속된다.
　삶을 복잡하게 살아가려 할수록, 보다 많은 것을 취하려 할수록, 자신이 하고자 하는 것을 어떤 수단과 방법으로 이루어내려 할수록 우리의 삶은 비움에서 멀어져 간다.

무언가를 이루었으면, 또 다른 것을 이루기 위해 나아간다. 더 커다란 성취를 위해 계속 채워나가기만 한다. 많은 것을 이룬 것 같아도 허무함도 많다. 뭔가 중요한 것을 빠뜨린 것 같기도 하다. 얻는 게 있으면 분명 잃는 게 있다. 그 잃은 것이 무엇인지 모르기에 계속 채워나가고 있는 것이다. 자신의 이룬 것에 만족하는 사람은 드물며, 그러한 과정에서 아픔 또한 크다. 그러기에 시간이 다 지나서 자신의 삶을 돌아볼 때 회한만 남는다. 후회는 어쩌면 필연이다.

노자가 말하는 도는 주위의 많은 것을 부드럽게 만든다. 다른 것들을 다 포용하기 때문이다. 미움도 없고, 불만도 없다. 자신의 마음속에 그러한 것이 존재할진대 마음에 평안을 얻기 힘들다. 그러기게 비워야 한다. 주위에 부드러운 사람은 그리 많지 않다. 그래서 서로가 상처를 준다.

요즘 들어 예전에는 그러지 않았는데 많은 것을 내려놓고 비워가며 살아가고 싶은 마음 뿐이다. 채우며 살아왔던 그 시간들이 후회스럽다. 제행무상이라고나 할까? 내 안에 행복이 있는 것을 왜 그걸 찾아 헤맸는지 어리석었을 뿐이다. 나는 이제 없음으로의 이정표를 향해 자유로운 여행을 나설 수 있을 것 같다.

세상은 인간을 위해 있는 게 아니다

세상은 나를 위해 존재하는 것이 아니다. 그 어떤 사람도 나를 위해 존재하지 않는다. 나는 세상의 일부일 뿐이다. 지구는 인간을 위한 공간이 아니다. 인류가 지구의 주인이 결코 아니다.

언젠가부터 나는 사람을 바라보며 살지 않게 되었다. 기대하지 않는다. 의지하지도 않는다. 사람을 바라보며 기대하는 순간 고통이 따른다는 것을 너무나 절실히 느꼈다. 그것이 가족이건 친구이건 직장동료건 그 어느 누구이건 간에 미련을 다 버렸다.

언제부턴가 애착가는 것이 하나 둘 사라져 감을 느꼈다. 있어도 그만, 없어도 그만, 내가 마음 속 깊이 담아 두는 것이 하나 둘씩 서서히 사라져 가고 있는 것 같다. 그래서 사람을 바라보며 살지 않게 되는 건지도 모른다. 희망을 버렸다는 뜻은 아니다. 사랑을 버린 것도 아니다. 단지 나의 욕심과 집착에서 자유로움을 택했을 뿐이다. 단지 내가 해야 할 일만, 주어진 것만 하면 되기에 어쩌면 편안히 지내는 날들이 많아지는 건지도 모른다.

그렇게 된 이유 중에 하나가 세상이 나를 위해 존재하지 않음을 너무나 절실히 깨달았기 때문이다. 내가 바라고 원하는 것을 세상은 절대로 쉽게 허락하지 않는다는 것을 알았다. 세상은 무자비한 곳이다. 사람도 무서운 존재이다. 기대하는 것이 어쩌면 어리석은 것인지도 모른다. 그래서 나는 세상이나 사람으로부터 어떤 것을 바라거나 기대하지 않는다. 그냥 있음으로 만족하며 바라만 볼 뿐이다.

도덕경 5장은

天地不仁,
以萬物爲芻狗,
聖人不仁,
以百姓爲芻狗.
天地之間, 其猶橐籥乎!
虛而不屈, 動而愈出,
多言數窮, 不如守中.

천지는 인자하지 않아서 만물을 추구로 삼았고,
성인은 인자하지 않아서 백성을 추구로 삼았다.
천지의 사이는 풀무와 같은 것이다.
속은 비었지만 다함이 없고,
움직일수록 더욱 잘 나온다.
말이 많으면 반드시 막히니,
중을 지키는 것이 좋다.

 여기서 芻狗(추구)는 하찮은 것 정도일 것이다. 영어로 말하면 No
Mercy란 뜻이 아닐까 싶다. 천지, 즉 자연은 인자하지 않고, 성인이나
임금도 백성을 위해 인자하지 않다는 것이다. 왜 이럴까? 이유는 필요
없다. 그게 자연의 본질이다. 그게 인간의 본질이다. 성인도 인간일 수
밖에 없기에 어쩔 수 없는 것이다.
 자연은 자연의 이치대로 갈 뿐 인간을 위해 생성과 진화해 가는 것이 결
코 아니다. 그것을 건드리는 순간 인간은 어쩌면 파멸의 길로 스스로 걸
어 들어가게 된다. 인간은 인간의 본분을 지켜야 한다. 독선과 오만은 자
멸의 지름길이다.

내가 욕심을 부린다고 해서 다른 사람이 내 맘대로 되지 않는다. 다른 사람이 나를 위해 존재하지 않기 때문이다. 그래서 나는 그런 욕심들을 하나씩 내려놓으려 한다. 그래서 기대하지 않으려 한다.

대장간의 풀무가 비어 있기에 유용하듯이 나도 나의 마음을 비울수록 삶이 더 나아지지 않을까 싶다. 세상은 세상의 이치대로 돌아가기에 이를 역행하며 산다는 것이 이제는 두렵기조차 하다.

세상이 나를 위해 뭔가 해 줄 것이라고 기대하지 않고, 다른 사람들에게 무언가를 기대하지 않을수록 나의 마음이 편해지는 것은 부정할 수 없는 사실이다. 하지만 마음이 아픈 것도 인정할 수밖에 없다. 어쩌면 그것이 더 인간다운 모습일 수 있기에.

끝없이 이어져

　내가 살아가면서 믿고 따라야 할 것은 무엇일까? 현재 나의 마음속에 있는 무엇이 나를 살아가게 하고 있는 것일까? 내가 오늘 하루도 살아가고 있는 것은 보다 나은 내 자신을 위하여 노력하고자 하는 나의 의지가 있기 때문이다. 만약에 내가 나의 존재의 의의를 잃어버리고 나의 살아 있음을 망각한다면 오늘 나는 살아가야 할 특별한 이유가 없다. 물론 존재한다는 것 자체도 의미가 있지만 생각할 수 있는 사람으로 태어난 이상 존재만 가지고서는 나의 존재 가치가 의미를 잃고 만다.

　그렇기에 나의 세상은 나의 의지에 의해 의미가 있다. 그 의지는 내가 죽는 날까지 내 속에 남아 나의 생명과 함께 할 것임은 너무나 분명하다. 하지만 나는 홀로 존재하지 않는 상대적인 존재이다. 타자가 있기에 나의 존재가 더 의미가 있을 수 있다. 긴 것은 짧은 것이 있으므로, 생명은 죽음이 있으므로, 높은 것은 낮은 것이 있으므로 인해 서로 존재 가치가 있다. 나의 존재는 타자에 의해 더욱 빛을 발할 수 있다.

　나와 타자는 서로 독립적인 존재이며 각기 다른 의지를 가지고 있기에 이 세상이 보다 조화롭기 위해서는 함께 따라야 할 어떤 원리가 필요하다. 그 원리를 노자는 "도(道)"라 표현했을 뿐이다.

도덕경은 6장은

谷神不死, 是謂玄牝,
玄牝之門, 是謂天地根,
綿綿若存, 用之不勤.

곡신은 영원히 죽지 않으니
이를 현빈이라 한다.
현빈의 문이 바로 천지의 근원이다.
면면히 이어지는 듯한데,
이를 아무리 사용해도 지치지 않는다.

곡신, 즉 대자연은 영구히 이어진다. 자연이 그렇듯이 우리가 따라야
할 도(道) 또한 영원히 이어질 것이라 노자는 말한다. 이는 모성과도 같
다. 어머니의 끝없는 사랑으로 자식이 성장해 나가듯 도의 길을 계속해
서 따라감이 우리의 인격적 성숙을 돕는다. 이로 인해 나의 의지는 점점
더 가치를 얻는다.

나의 세상은 나의 의지에 의해 변할 수 있다. 따라서 나의 의지는 다함
이 없는 도의 길을 따라가는 것이 되어야 한다. 그래야만 어제보다 나은
오늘의 나, 그리고 오늘보다 나은 내일의 나를 만날 수 있을 것이다.

천장지구(天長地久)

태양계는 생긴 지 약 45억 년에서 50억 년 정도 된 것으로 알려져 있다. 지구의 나이도 거의 비슷하다. 그런 오랜 기간 동안 지구가 태양의 주위를 항상 공전할 수 있는 이유는 무엇일까? 지구뿐만 아니라 다른 행성들, 수성이나 금성 등도 지구처럼 그 수많은 시간을 변함없이 태양 주위를 돌고 있다. 특별한 일이 일어나지 않는 한 앞으로 50억년 이상 이러한 태양계의 행성들의 운동은 계속 유지될 것으로 생각된다.

태양 주위를 각 행성들이 공전을 하지만 각 행성들은 자신의 궤도를 이탈하지 않는다. 그리고 태양 및 각 행성들은 각자의 길을 갈 뿐 다른 행성을 의식하거나 간섭하지 않는다. 만약 태양계의 태양 및 행성들이 서로에게 많은 영향을 미치려 한다면 어떤 일이 벌어질까?

모든 운동의 원인은 힘이다. 모든 물체에게 작용하는 힘의 근원은 모든 물체가 가지고 있는 보편적인 성질에서 기인한다. 그것은 바로 질량이다. 우주 공간에서 빛을 제외한 거의 대부분의 물체는 질량을 가지고 있다. 이로 인한 힘이 만유인력이다. 이 만유인력으로 인해 태양계의 행성들은 태양 주위를 운동한다. 하지만 서로를 의식하지 않고 주어진 질량의 크기에 따라 각자가 할 일을 한다. 그것이 태양계 내의 운동이다. 이로 인해 태양계는 그 수많은 세월이 흘렀어도 변함없이 자신의 궤도에서 오랫동안 그 존재를 유지할 수 있었다. 만약 태양이 질량이 많다고 하여 다른 행성에게 영향을 미쳐 자신의 방향으로 더 많이 끌어들이려 한다면 태양계는 현재의 모습을 유지할 수 없다. 태양계 내의 각 행성들이 서로에서 자신의 영향력을 발휘하려 한다면 공존의 기간이 줄어들 수 밖에 없다. 단명하게 된다.

나는 다른 사람의 눈치를 많이 보는 편이다. 다른 사람을 항상 의식하며 생활하는 게 익숙하다. 내가 다른 사람의 기분을 상하게 하지는 않는지, 다른 사람의 마음을 불편하게 하지는 않는지, 항상 그런 의식을 가지고 생활하는 편이다. 그 이유는 간단하다. 내가 별로 힘이 없기 때문이다. 그래서 나는 삶이 고달픈 것 같다. 다른 이를 의식하지 않고 편안한 삶을 살아가 하는데 그렇지가 못하다.

　다른 이의 삶이 어떻게 되건 그건 그의 삶이다. 의식할 필요가 전혀 없다. 그런데도 나는 왜 그런 의식을 하며 살아가고 있는지 반성을 해야 한다. 나는 내 나름대로의 길을 가면 될 뿐 남들이 뭐라 하건 상관할 필요도 없는데도 불구하고 그걸 잘 못한다. 이제는 다른 이를 의식하지 않고 나의 길을 가려 노력해야 한다.

도덕경 7장은

天長地久,
天地所以能長且久者,
以其不自生,
故能長生.
是以聖人後其身而身先,
外其身而身存.
非以其無私邪?
故能成其私.

하늘은 영원하고 땅은 구원하다.
천지가 진실로 영원하고 구원한 까닭은
스스로 모든 삶의 주체라는 의식 없이 살고 있음이다.
그러므로 진실로 오래 살 수 있다.

이런 까닭에 성인은 그 몸을 뒤로 하지만
도리어 몸이 앞서지고,
그 몸을 밖으로 던지지만 도리어 그 몸이 영존한다.
그 사심이 없기 때문이 아니겠는가.
그러므로 진정한 성인은 그 자아를 이루는 것이다.

 노자는 천장지구의 비밀을 알았다. 그것은 의식 없음이다. 자연에 있는 존재는 자신이 다른 것의 주체라는 의식이 없다는 것이다. 그냥 각자가 주어진 길을 사심 없이 가면 된다. 다른 것의 주체가 되려하는 것은 어쩌면 자연의 원리에 부합하지 않는다.
 성인이 몸을 뒤로 한다는 것은 앞서가지 않는다는 것이다. 다른 사람 앞에 나서지 않음을 뜻한다. 즉, 자신이 모든 것의 주인 인양 많은 것을 좌지우지하려 하지 않음이다. 그러다 보니 자연이 남이 따르게 되어 앞서지게 된다는 의미다. 사심 없이 자신의 길을 가다 보니 자아를 발견하게 된다.
 다른 존재를 의식한다는 것은 어쩌면 자연의 길이 아닐지 모른다. 자연은 그냥 자신의 길만 간다. 다른 존재는 그 나름 대로의 길을 간다. 서로가 서로를 의식할 필요가 없다. 그러다 보니 서로의 관계가 오래도록 유지될 수 있다.
 사람의 관계가 오래 유지되지 못하는 이유가 바로 천장지구에 있는지도 모른다. 가까웠던 사람과 오래 계속되기 위한 길은 자신의 존재를 내세우지 않음에 있는지도 모른다. 다른 사람은 나의 소유가 아니기에 그 사람의 길이 있다. 다른 사람을 자신의 뜻대로 하게 하려는 이상 그는 그의 길을 가는 데 있어서도 문제가 생길 수밖에 없다. 다른 이의 길을 방해하거나 나의 영향력의 영역으로 끌어들이려 할 때, 그 관계는 오래 지속되기가 힘들 수밖에 없다.
 천장지구는 자연의 원리만이 아니다. 우리는 두뇌가 없는 자연을 스승으로 해야 하는 건지도 모른다.

흐르는 강물처럼

아주 오래전에 우연히 본 영화가 기억이 난다. 군대 갔다가 대학 졸업할 때쯤이었던 것 같다. "흐르는 강물처럼"이라는 영화였는데 아마 브래드 피트의 초창기 영화가 아닐까 싶다. 영화에서 낚시하는 장면이 너무 멋있었고, 스케일이 크거나 드라마틱한 요소는 별로 없었지만 조용하고 잔잔한 영화였다. 그 영화는 그때 딱 한 번 보고 더 이상 본적은 없다. 난 사실 영화나 드라마는 한 번 이상 보는 경우가 거의 없다. 그런데 그 조용한 영화는 30년 정도가 지난 지금에도 기억이 나는 이유가 뭘까? 그동안 본 영화만 해도 수백 편은 될 텐데, 그중에 제목을 기억하고 있는 영화도 얼마 되지 않는데 그 영화가 아직도 기억 속에 남아 있는 이유는 뭘까?

그 영화에 나오는 대자연이나 낚시하는 장면도 멋이 있었지만, 영화 제목은 항상 내 머릿속에서 떠나지 않았다. 살아오면서 그 영화 제목이 생각이 나는 경우가 많았다. 강물은 그저 흐른다. 아무 욕심 없이 그냥 흐른다. 산꼭대기부터 시작한 물은 수백 리 길을 거치면서 언젠가 바다에 이른다. 중간에 계곡에서 커다란 바윗돌을 만나면 부딪힌다. 그러면서 자신은 산산조각이 나며 깨지지만, 그래도 다시 모여 흐른다. 가다가 장애물을 만나면 그냥 돌아서 흐른다. 가파른 절벽에 이르러 엄청난 높이에도 불구하고 그냥 떨어져 내린다. 그게 물이다. 그저 흘러가는 것, 그것이 물의 본성이다. 어떤 것을 만나고 자신이 깨어질지언정 싸우지 않는다. 자신을 가로막는 것이 있으면 그러려니 하고 그냥 돌아서 간다. 절벽이 있건, 뭐가 있건, 이것저것 생각하지 않고 그냥 흐른다. 그러다 보니 바다에 이른다.

도덕경 8장에 비슷한 구절이 있다.

上善若水.
水善利萬物而不爭,
處衆人之所惡,
故幾於道.
居善地,
心善淵,
與善仁,
言善信,
正善治,
事善能,
動善時.
夫唯不爭, 故無尤.

최상의 덕은 물과 같다.
물은 만물을 이롭게 하여 다투지 않는다.
모든 사람들이 싫어하는 곳에 가기를 좋아한다.
그러므로 도에 가깝다.
거처로는 땅을 좋다고 하고,
마음은 깊은 것을 좋다고 하고,
사귀는 데는 어진 것을 좋다고 하고,
말은 진실한 것을 좋다고 하고,
다스릴 때는 질서 있음을 좋아하고,
일할 때는 능력있게 하고,
움직임에는 때에 맞음을 좋다고 한다.
오직 싸우지 않으니, 허물이 없다.

나는 요즘 점점 마음이 약해져 가는 것을 느낀다. 아무 힘도 없는 듯한 느낌이다. 이제 내가 할 수 있는 게 별로 없는 것 같다는 생각이 든다. 그러기에 이제 그냥 흐르는 세월에 나의 삶을 맡기고 싶다. 내가 부서지면 부서지는 대로, 굽어지면 굽어지는 대로, 떨어져야 하면 떨어지는 대로, 그저 그렇게 물처럼 살고 싶다.

"흐르는 강물처럼" 영화에서 브래드 피트는 도박을 하다 결국 죽고 만다. 영화에서 그의 형은 아버지의 말을 잘 따르는 모범생이었지만, 동생이었던 브래드 피트는 아버지가 이해하기 힘든 아들이었다. 하지만 그의 아버지는 브래드 피트를 이해하지는 못했지만 사랑했다. 그저 흘러가는 강물처럼 아들의 삶을 인정하고 세월을 함께 했다. 이해하지 못해도 사랑할 수는 있기 때문이다. 나도 다른 사람을 이해하는데 너무 부족함을 느낀다. 이해할 수 없지만 이제 그냥 사랑하면 충분하다. 흘러가는 물처럼 그냥 다 포용하고 안으면 된다. 사랑은 그 사람의 장점을 보고 하는 것이 아닌 것 같다. 내가 원하는 모습이 아닐지라도, 그냥 있는 모습 그대로, 과거의 어떤 모습이었건, 현재의 어떤 모습이건 상관없이 흘러가는 강물처럼 품고 안아주는 것이 사랑이 아닐까 싶다. 만약 그것을 못 한다면 진정한 사랑이 아니다. 더 많이 사랑하기에 더 많은 것을 포용할 수 있을 것이다. 내가 안고 가면 되기에 더 바랄 필요가 없다. 강물은 모든 것을 떠안고, 그 많은 일을 겪으면서 그냥 그렇게 세월과 더불어 흘러간다. 나의 인생도 별것이 없을 것이다. 그냥 그렇게 모든 것을 내가 다 안고 흘러가면 된다.

비운다는 것

마음을 비운다는 것은 무엇일까? 마음은 원래부터 비어 있었던 것은 아닐까? 비어 있던 마음에 욕심이 생기면서 마음이 가득 차는 것은 아닐까?

원자는 핵과 전자로 이루어져 있다. 핵은 양성자와 중성자로 구성되어 있고, 전자가 원자핵 주위를 돌고 있다. 마치 지구가 태양 주위를 도는 것과 마찬 가지다. 태양과 지구 사이에 거리는 1억 5천만 km이다. 태양과 지구 사이에는 수성과 금성만 있을 뿐 온통 빈 공간이다. 원자핵과 전자 사이에도 아무것도 없다. 온통 빈 공간 뿐이다. 어쩌면 신은 자연을 거의 빈 것으로 채워놓았을 지도 모른다. 즉, 자연의 본성은 비어있음이 원칙일지도 모른다.

니코스 카잔차키스의 책 〈프란체스코〉에는 이런 구절이 있다. "우리의 빈곤은 어찌 보면 풍요로운 것이에요. 우리는 우리의 가슴 밑바닥에 천국을 숨겨두고 있어요. 진정한 빈곤이라면 그 밑바닥까지 비어 있어야 하는 것이에요. 그 속엔 아무것도 없이 말끔해야 해요. 심지어 영생불멸하려는 의지조차도 없어야 해요. 아무것도 없어야 하는 거지요."

아시시의 성자라 불렸던 프란체스코는 모든 것을 버렸다. 가족도 버리고 재산도 버리고 가난을 선택했다. 그는 집안의 창고를 열어 아버지의 재산까지 모두 나누어 주고 나병환자를 돌보는 등 평생을 봉사와 가난으로 살았다. 그는 왜 그랬을까? 그는 바보였던가? 아니면 미치광인 것일까?

반야심경에는 이런 구절이 있다.

色不異空空不異色
色卽是空空卽是色

색이 공과 다르지 않고 공이 색과 다르지 않으며,
색이 곧 공이요 공이 곧 색이다.

　반야심경에서 중요한 것은 공이라는 것이다. 눈에 보이는 것은 어쩌면 허상일지 모른다. 원래의 모습이 아닐 수 있다. 우리의 순수한 마음은 고통이나 괴로움을 모른다. 원래가 비어있었기 때문이다. 나의 감정은 내가 아니다. 나의 느낌도 내가 아니다. 감정과 느낌은 나의 본성과는 거리가 멀다. 나의 집착과 욕심이 그것들을 불러왔다.
　나의 감정은 그냥 잠시 왔다가는 나그네일지 모른다. 나의 느낌 또한 손님일 뿐이다. 어차피 떠나갈 것들이다. 거기에 내가 괴로워하거나 고통스러워 할 필요가 없다.

도덕경 9장은

持而盈之, 不如其已,
就而銳之, 不可長保,
金玉滿堂, 莫之能守,
富貴而驕, 自遺其咎,
功遂身退, 天之道.

지속적으로 이를 채우려 하면 이를 그만두는 것보다 못하며,
갈아서 이를 날카롭게 하면 오래 보전하지 못한다.
금과 옥이 집에 가득하여도 이를 지키지 못하며,

부귀하여 교만하면 스스로 그 허물을 남긴다.
공을 세우고 스스로 물러나는 것은 하늘의 도리다.

노자는 무언가를 하지 않음을 주장하는 것은 아니다. 그치지 못함에 문제가 있다는 것을 지적하는 것이다. 무위란 아무것도 하지 않음이 아니다. 그렇다면 존재 자체가 의미가 없기 때문이다. 노자가 의미 없는 무위를 주장했을 리 없다.

진정한 나는 비어 있는 상태인지도 모른다. 성 프란체스코는 나를 비우는 곳에 천국이 존재한다는 것을 알았다. 우리는 어차피 모든 것을 놓고 떠나야 한다. 지금 모든 것을 버릴 수는 없지만 마음은 하나씩 비워갈 수 있다. 거기에 천국의 문이 열리기 시작하는 것인지도 모른다.

프란체스코의 평화의 기도가 생각나는 오늘이다.

주여
나를 평화의 도구로 써 주소서.
미움이 있는 곳에
사랑을
상처가 있는 곳에 용서를
분열이 있는 곳에 일치를
의혹이
있는 곳에 믿음을 심게 하소서.
위로받기 보다는 위로하며
이해받기 보다는 이해하며
사랑받기 보다는
사랑하며
자기를 온전히 줌으로써 영생을 얻기 때문이니
주여

나를 평화의 도구로 써 주소서.
주여
나를 평화의 도구로 써 주소서.
오류가 있는 곳에 진리를
절망이 있는 곳에
희망을
어둠이 있는 곳에 광명을
슬픔이 있는 곳에 기쁨을 심게 하소서.
위로받기 보다는 위로하며
사랑받기 보다는
사랑하며
자기를 온전히 줌으로써 영생을 얻기 때문이니
주여
나를 평화의 도구로 써 주소서.

지구가 고향이 아니다

우리는 어디에서 와서 어디로 가는 것일까? 우주의 나이는 137억 년, 태양계나 지구의 나이의 거의 50억 년. 거기에 비하면 인간의 수명은 찰나에 불과하다. 그런 짧은 시간 안에 우리에겐 왜 이리 많은 일들이 일어나는 것일까?

우주의 크기에 비하면 지구는 먼지보다도 작은 수준이다. 우주 저 너머에서는 인간이라는 존재가 있는 것조차 모를 것이다. 이 조그만 지구 위에서는 어찌해서 그렇게 많은 일들이 벌어지고 있는 것일까?

법정 스님이 쓴 〈맑고 향기롭게〉에는 이런 구절이 있다. "자기답게 살려는 사람이 자기답게 살고 있을 때는 감사와 환희로 충만해 있지만, 그렇지 못할 때는 괴로워한다. 자기 몫의 생을 아무렇게나 낭비해 버릴 수 없기 때문이다. 그리하여 다시 버리고 떠나는 연습을 한다. (중략) 본질적인 출가는 비본래적인 자기로부터 벗어나 본디 자기로 돌아가는 데 그 의미가 있어야 한다. 그래서 버리고 떠남으로써 거듭거듭 태어날 수 있어야 할 것이다. (중략) 크게 버리는 자만이 크게 얻을 수 있다는 것은 출가의 영원한 교훈이다. 버리지 않고는 새것을 얻을 수 없기 때문이다. 무아라는 말은 자기 자신을 전부 다 없애 버리라는 말이 아니라, 비본질적인 자신을 털어 버림으로써 본질적인 자신을 크게 일깨우라는 뜻이다. 진리를 구현하려면 찾아 나서는 일 못지않게 욕망을 버리는 강한 의지가 있어야 한다."

이 지구상에 나의 소유는 하나도 없다. 지금 내 주위에 가지고 있는 모든 것이 내게로부터 온 것이 아니며, 잠시 내 곁에 있다가 언젠가는 떠나게 되어 있다. 나로부터 모든 것이 떠나듯이 나도 모든 것으로부터 떠나야 할지 모른다.

그러기에 버릴 수 있다. 버린다는 표현에는 심오한 뜻이 숨겨져 있다. 단순한 무언가를 버린다는 것이 아니다. 그렇게 단순히 해석한다면 어쩌면 언어의 틀 안에 갇힌 사고의 한계라 할 수 있다. 버리는 것은 돌려주는 것이다. 원래 나의 것이 아니기에 원래 있었던 곳으로 가라고 양보하는 것이다. 모든 영화를 버리고 떠난 싯다르타는 깨달음이 있었기 때문이었다. 원래 본인의 것이 아니었기에 가족도 포함하여 그 모든 것을 버릴 수 있었다.

버리고 떠남으로써 거듭거듭 태어날 수 있다는 말은 새겨야 한다. 이는 진정한 의미로서의 다시 태어남이다. 비본질적인 나를 버리고 본질적인 나를 찾는 여행이다.

도덕경 10장은

載營魄抱一, 能無離乎!
專氣致柔, 能嬰兒乎!
滌除玄覽, 能無疵乎!
愛民治國, 能無知乎!
天門開闔, 能無雌乎!
明白四達, 能無爲乎!
生之, 畜之,
生而不有, 爲而不恃,
長而不宰, 是謂玄德.

영백에 타고 하나를 안아,
능히 이 둘이 떨어지지 않게 할 수 있는가?
정기를 집중하여 유연한 자세를 이루어,

진실로 영아가 될 것인가?

마음속을 깨끗하게 하여 흠이 없게 할 것인가.?

백성을 사랑하고 나라를 다스려 진실로 무위를 행할 것인가?

천문을 열고 닫아 진실로 여성이 될 것인가?

명백히 깨달아 진실로 억지로 함이 없을 수 있는가?

도를 낳게 하고 덕을 축적한다.

낳고도 소유하지 않고,

행하고도 자랑하지 않고,

장성시키되 지배하지 않으니,

이것을 진정한 덕이라 한다.

　노자는 간파했다. 나의 가족도 내 것이 아니며, 내가 하는 일도 내 것이 아니다. 나로 인해 무언가가 이루어졌다 할지라도 그것을 나의 것이라 생각하여 마음대로 할 수는 없다. 거기에는 다른 것으로 인하여 함께 생득한 것이 적어도 어느 정도는 포함되어 있지 않을 수 없다. 내가 쓴 글도 내 것이 아니다. 읽는 사람으로 인해 해석하는 것이 천차만별이 될 수 있기 때문이다. 모든 것의 주인은 없다.

　버리고 떠나는 것에는 어떤 용기나 생각이나 결심 같은 것도 필요 없다. 삶이 그렇게 만들었기에 아무 미련 없이 떠날 수 있는 것이다. 버리고 떠나기를 고민한다면 아직 미련이 남아 있기 때문이다. 나에겐 이제 그런 미련은 하나도 남아 있지 않은 것 같다.

　찰나를 살다 가는 이 지구에서 우리는 그저 나그네일 뿐이다. 고향이란 본래 아픔과 고통이 없는 곳이 아닐까? 이 지구상에서 어쩌면 정말 짧은 시간을 잠시 머무르다 가는 것인데, 나의 본향이라면 보다 자유롭고 평안하며 안정되어야 하는 것은 아닐까?

　나의 진정한 고향, 그곳은 아픔도 슬픔도 없고 재산이나 명예도 필요 없는 평안한 곳임에 분명하다. 언젠가 고향이 아닌 나그네 신세였던 이 지구를 떠나 진정한 고향으로 돌아갈 때가 올 것이다. 그러기에 죽음은 전혀 두려워할 것이 못 된다. 나의 진정한 고향으로 가는 여행의 시작일 뿐이다. 지구가 고향이라고 생각하는 한 죽음은 공포의 대상일 뿐이다. 죽음의 너머엔 무엇이 있을지 전혀 알 수 없는데도 불구하고 아무것도 없다고 단정할 수도 없는 것이다. 물론 아무것도 없는지도 모른다. 답이 없기에 단정할 필요도 없다. 물론 이것은 철저한 나만의 주관적 생각에 불과하지만. 죽음은 공포의 대상이 아닌 자유로운 여행의 시작일지 모른다. 나의 고향을 찾아 떠나는. 그러기에 어떤 죽음도 이제는 받아들일 수 있다.

없음도 쓰임이니

대학교 1학년 때 스티븐 호킹의 〈시간의 역사〉를 읽었다. 처음 읽었을 때 이해되는 것이 하나도 없었다. 다른 세계에서 날아온 책 같았다. 내 책꽂이에는 30여 년 전에 산 그 책이 아직도 보관되어 있다. 누렇게 색이 변했지만, 애착이 많이 가는 책이다. 지금도 시간이 날 때 가끔씩 꺼내 다시 읽기도 한다. 한번 읽었다고 꼽아두는 책이 아니다.

호킹은 대부분의 일반 사람들이 당연히 가지고 있었던 것이 없었다. 그는 말을 할 수도 없었고, 스스로 다닐 수도 없었으며, 수학을 계산하기 위해 연필을 사용해야 하는 손을 쓸 수도 없었다. 하지만 그의 없음은 과학적 창의성의 근원이 되었다.

호킹은 21살 때 2년밖에 더 살 수 없을 것이라는 시한부 선고를 받는다. 근육을 전혀 사용할 수 없는 루게릭병에 걸린 것이다. 당시에 이 질병은 불치의 병이었다. 이후로 그는 남아 있는 시간을 위해 모든 것을 이론 물리학에 쏟아붓는다.

호킹의 천재성은 블랙홀은 빛을 포함한 모든 것을 빨아들인다는 이론 물리학계의 터부를 깼다. 그는 블랙홀도 복사에너지가 방출된다는 것을 이론적으로 주장하였다. 이를 "호킹 복사"라 한다. 게다가 그는 블랙홀에만 적용되는 특이점 이론(singularity theory)을 우주 전체에 응용하여 우주 전체가 특이점에서 탄생해야 한다는 것을 수학적으로 증명해 냈다. 그는 계산할 수 있는 손을 쓸 수 없었기에 오직 뇌 신경만을 이용한 암산으로 그것을 증명해 냈다. 가장 난해하고 계산하기 힘든 일반상대성이론과 양자장론을 응용하여 이를 보란 듯이 해냈다. 일반인으로서는 상상도 할 수 없는 능력이다.

호킹의 평생 동료였던 로저 펜로즈는 2020년 노벨 물리학상을 받았다. 호킹의 업적은 펜로즈 못지 않았다. 호킹은 2018년에 사망하였다. 만약 그가 살아있었다면 펜로즈와 함께 노벨상을 받았을지도 모른다.

호킹의 〈시간의 역사〉에는 다음과 같은 구절이 있다. "중력의 법칙은 우주가 시간적으로 불변한다는 극히 최근까지 고집 되었던 생각과 양립하지 않는다. 즉 중력이 언제나 인력이라는 사실 때문에 우주는 팽창하거나 수축해야만 한다. 일반 상대성 이론에 의하면, 과거에 밀도가 무한히 큰 상태가 필연적으로 있었으며, 이는 사실상 시간의 시초에 해당한다. 이와 유사하게 만약 우주 전체가 다시 수축한다면, 미래에 또 하나의 밀도 무한대의 상태가 있고 시간의 종말을 이루게 된다. 우주 전체가 검은 구멍을 만드는 곳에는 특이성이 있기 마련이다. 이런 특이성은 그 검은 구멍으로 빠져드는 사람에게 시간의 종말이 될 것이다. 대폭발이나 다른 특이성에서는 모든 법칙이 깨어지기 때문에, 신은 거기서 무엇이 일어날 것인지 또 우주를 어떻게 시작할 것인지를 정하는 데 완전한 자유를 그래도 가질 것이다." 이는 우주의 시작과 끝도 없다는 아이디어다. 이것이 바로 시간의 역사의 핵심이다.

도덕경 11장은

三十輻共一,
當其無, 有車之用,
挻埴以爲器,
當其無, 有器之用,
鑿戸牖以爲室,
當其無, 有室之用.
故有之以爲利,
無之以爲用.

서른 개의 바큇살이 한 바퀴 통에 꽂혀 있다.
그 바퀴 통의 빈 것 때문에 수레의 효용이 있는 것이다.
찰흙을 빚어서 그릇을 만든다.
그 가운데를 비게 해야 그릇으로서의 쓸모가 있다.
문과 창을 뚫어서 방을 만든다.
그 방안이 비어 있어야 방으로서의 쓸모가 있다.
그러므로 이로임이 된다는 것은 없음의 쓰임이 있기 때문이다.

 노자는 없음의 중요성을 너무나 잘 알았다. 그 없음은 곧 쓰임이라는 것을 너무나 잘 인식하고 있었다. 그릇이 가운데 비어 있지 않다면 어떻게 다른 것을 담을 수 있겠는가?
 우리는 많은 것을 가지려 한다. 비어 있는 것이 싫어 완전히 채우려 노력한다. 하지만 무언가 없다는 것은 더 큰 것을 위한 쓰임이라는 것을 우리는 인식하지 못한다. 그 없음이 어떻게 쓰일지는 신의 영역일 뿐이다. 우리가 그것에 대해 너무 알려고 할 필요도 없다. 없음이 싫어 더 채우려다가 어쩌면 실제로 더 중요한 것을 잃게 될지도 모른다.
 21세기의 위대한 철학자 비트겐슈타인은 다음과 같이 말했다. "철학에 남겨진 오직 한 가지 일이란 언어의 분석뿐이다."
 물론 이 말은 언어의 중요함을 강조한 것이긴 하나, 나는 여기에 동의하지 않는다. 언어에는 한계가 있기 때문이다. 한계 없는 것은 이 자연에 존재하지 않는다. 언어 너머의 더 큰 세계는 언어의 없음으로 볼 수 있을지 모른다.
 호킹의 〈시간의 역사〉에는 다음과 같은 구절이 있다.
 "그러나 만약 우리가 실제로 완전한 이론을 발견하게 되면, 이것은 머지않아서 누구에게나 원칙적으로 이해할 수 있게 될 것이다. 그렇게 되면 과학자, 철학자, 일반 사람 할 것 없이 우리 모두가 인간과 우주가 왜 존재하는가란 문제를 논하는 데 참여할 수 있을 것이다. 만약 우리가 그 답을 찾아냈다면 그것은 인간의 이성의 최종적인 승리가 될 것이다. 왜냐하면, 그때 비로소 우리는 신의 마음을 헤아릴 수 있게 되기 때문이다."

호킹은 신과 대화하고 싶어 했다. 블랙홀에서 그리고 우주의 시작과 진화에서 그는 신의 영역을 보고 싶어 했다. 스티븐 호킹의 없음은 극도의 쓰임이 되었다. 그래서 그는 높이 날았다. 그는 없음의 날갯짓으로 신과 대화할 수 있는 영역으로 가장 높이 날아올랐다.

중요한 것 하나라도

미국의 물리학자 마이컬슨은 1887년 즈음부터 빛의 속도를 측정하는 연구를 시작했다. 당시의 이론에 의하면 빛은 파동이므로 태양에서 지구로 빛이 올 때 파동을 전달해 주는 매질이 있을 것이라 생각하였고, 그 매질을 에테르라고 이름 붙였다. 우리가 말을 할 때 소리가 공기를 매질로 하여 진행하듯, 빛도 에테르를 매질로 하여 태양에서 지구로 온다는 것이다. 에테르라는 매질이 존재함을 증명하기 위해 마이컬슨은 지구에서의 빛의 속도는 빛을 측정하는 관찰자의 운동에 의해 다를 것이라 생각하였다.

마이컬슨은 간섭계를 스스로 만들어 보완해 가며 빛의 속도를 측정하기 시작했다. 하지만 원래 예상과는 다른 실험 결과가 나오는 것이었다. 실험의 목표가 에테르라는 매질의 존재를 증명하기 위한 것이었는데 그 반대의 결과가 나온 것이다. 마이컬슨은 빛의 속력이 워낙 빠르기 때문에 간섭계에 문제가 있는 것이라 생각하여 계속해서 보다 좋은 간섭계를 보정해 나갔다. 마이컬슨은 15년이 넘는 시간을 오직 그 실험 하나를 위해 모든 것을 바쳤다. 그 오랜 시간의 노력 끝에 결론이 났다.

원래 실험의 목표와는 완전히 다른 빛의 속도는 관찰자의 운동과 상관없이 항상 일정하다는 것이었다. 이 실험으로 마이컬슨은 1907년 미국인 최초로 노벨상을 받았다. 그리고 이 실험은 현대물리학에서 가장 중요한 아인슈타인의 특수상대성이론의 바탕이 되었다.

15년 이상이라는 오랜 세월을 하나의 일에만 집중하는 것은 상상하기 어려울 정도로 힘든 일이다. 그 인내와 노력은 실로 경이로울 정도가 아닐까 싶다.

우리의 주위에는 실로 관심을 끌고 있는 많은 것들이 있다. 이것저것 다 해보고 싶은 유혹은 끊이질 않는다. 끌리는 대로 다 해보는 것도 나쁜 것은 아니다. 해보고 싶은 것 다 해보는 것도 좋다. 하지만 그러한 모든 것을 하다가 진정 중요한 것을 놓치는 경우도 있다.

보다 중요한 것을 우선 해놓고 다른 해보고 싶은 것을 하는 것은 어떨까? 우리에게 주어진 시간이 그리 많지 않다는 것은 부인할 수 없는 사실이다. 꼭 해야 할 것이 무엇인지 나중에 해야 할 것은 무엇인지 일단 파악하는 것이 우선 돼야 하는 것이 아닐까?

도덕경 12장은 말한다.

五色令人目盲,
五音令人耳聾,
五味令人口爽.
馳騁畋獵令人心發狂,
難得之貨令人行妨.
是以聖人爲腹不爲目.
故去彼取此.

오색은 사람의 눈을 멀게 하고,
오음은 사람의 귀를 멀게 하고,
오미는 사람의 입을 상하게 하고,
말을 타고 달리며 사냥하는 것은
사람의 마음을 미치게 하고,
얻기 어려운 재화는 사람의 행동을 방해한다.
그러므로 성인은 배를 충실히 하도록 하고,

눈을 위해서는 아무것도 하지 않는다.
그리하여 저것을 버리고 이것을 취한다.

　노자는 우리가 끌리는 것에 우리들을 맡기는 수동적인 삶을 살지 말고, 보다 더 중요한 것에 우리의 마음을 모아야 한다고 이야기한다. 어떤 것을 버리고 어떤 것을 취하는 것은 각자의 선택이겠으나, 보다 더 근본적인 것을 심사숙고할 수 있는 마음을 우선 가지려 노력하는 것이 중요하다고 말하고 있다.

　우리가 살아가면서 할 수 있는 것은 그리 많지 않다. 할 수 있는 것만 하기에도 시간이 부족할 수 있다. 내게 주어진 시간은 영원하지 않다. 게다가 얼마의 시간이 주어져 있는지 아무도 모른다. 내일이 나에게 오지 않을 수도 있다. 오늘 어떤 일이 내게 일어날 수도 있다. 내가 진정으로 하고자 하는 것에 집중하여 나의 존재를 느낄 수 있는 것을 하는 것이 내가 할 수 있는 최선이 아닐까 생각된다.

　"저것을 버리고 이것을 취한다."

　말은 쉬울 것 같아도 그리 쉽지 않은 결정이다. 그 결정엔 우리의 마음과 가치관이 들어있기 때문이다. 단순한 결정이 아닌 나의 존재의 의미를 부여하는 결정일 수 있다. 마이컬슨은 하나의 결정을 했고, 15년 이상 그 일만 했다. 아무나 할 수 있는 것이 아니다. 그는 저것을 버리고 이것을 확실하게 취했던 것이다.

자유로운 인간 관계

우리들의 감정은 수시로 변한다. 무언가를 좋아하다 가도 어느 정도의 시간이 지나면 싫어지기도 한다. 사람 사이의 관계도 마찬가지다. 친했다가도 시간이 지나면 멀어지기도 한다. 멀었던 관계가 친해지는 경우도 있다. 이런 감정이나 관심의 변화는 너무나 자연스러울 수 밖에 없다. 문제는 그러한 변화에 우리가 너무 연연해 한다는 것이다.

나를 좋아했던 사람이 변해서 나를 미워하게 될 수도 있다. 하지만 그런 것에 연연해 할 필요가 없다. 사람의 감정은 변하기 때문이다. 다른 사람의 나에 대한 관심에 내가 연연해하기 시작하면 나의 삶은 그의 감정에 의해 좌지우지 될 뿐이다. 다른 사람의 나에 대한 감정이 나의 인생을 책임지지 않는다. 그가 나를 좋아하건 나를 미워하건 그건 그 사람의 마음이기 때문이다. 따라서 나는 다른 사람의 나에 대한 관심으로부터 자유로워야 한다.

내가 만약 그 사람의 나에 대한 감정으로 인해 많은 영향을 받는다면 나는 그의 노예일 뿐이다. 내가 독립적으로 존재하지 못함을 증명하는 것에 불과하다. 그 사람이 나를 좋아하면 고맙고, 내가 싫어져서 떠난다고 한다면 잘 가라고 하면 된다.

친했던 친구가 갑자기 연락을 끊었다. 이유가 있을 것이다. 하지만 언젠가 다시 나한테 연락을 하면 다시 만나면 되고, 연락을 하지 않으면 안 만나면 된다. 어떤 연유인지 모르지만, 그는 그 나름대로의 감정이나 일이 있기에 그렇게 선택을 하는 것일뿐 그것으로 인해 나의 삶이 영향을 받을 필요는 없다.

내가 그 친구에게 나 좀 좋아해 달라고 한들 그 친구의 싫은 마음이 좋은 마음으로 변할리도 없고, 나를 좀 좋아하지 말라고 해봤자 나를 좋아하는 그의 마음이 싫어하는 마음으로 바뀔수는 없다. 나는 다른 사람의 나에 대한 감정으로부터 독립해야 할 필요가 있다.

도덕경 13장은

寵辱若驚,
貴大患若身.
何謂寵辱若驚?
寵爲下,
得之若驚, 失之若驚,
是謂寵辱若驚.
何謂貴大患若身?
吾所以有大患者, 爲吾有身.
及吾無身, 吾有何患!
故貴以身爲天下, 若可寄天下,
愛以身爲天下, 若可託天下.

총애를 받으나 욕을 받으나 다 놀라는 것 같이 하라.
큰 환란을 귀하게 여기기를
자기 몸과 같이 하라.

무엇을 일러 총애를 받으나 욕을 받으나 다
놀라는 것 같다고 하는가.
총애는 항상 욕이 되기 마련이니
이를 얻어도 놀라는 것 같고,
이를 잃어도 놀라는 것 같으니,
이것을 총애에 놀라는 것 같다고 이르는 것이다.
무엇을 일러 큰 환란을 귀하게 여기기를
자기 몸같이 한다고 하는가.
나에게 큰 환란이 있다고 보는 까닭은,
내가 몸을 가지고 있기 때문이다.
내가 몸이 없다면
나에게 무슨 환란이 있겠는가.
그러므로 자기 몸을 귀하게 여기는 것처럼
천하를 귀하게 여기면
그에게 천하를 맡길 만하고,
자기 몸을 아끼는 것처럼 천하를 아끼면
그에게 천하를 맡길 만하다.

노자가 다른 사람이 나를 총애하거나 나를 욕하거나 거기에 놀라는 것
같이 하라는 말은 다른 사람의 나에 대한 감정은 언제든 변할수 있는 것
이니 그러한 것에 연연해하지 말라는 뜻이 아닐까 싶다.
환란을 귀히 여기란 말은 무엇을 뜻할까? 우리는 누구나 편하게 살기
를 원하고, 어려움이 없기를 희망한다. 하지만 환란을 자기 몸처럼 귀하
게 여기라 하는데 이는 아마도 그러한 어려움을 극복해 내면 더 나은 미
래가 기다리고 있음을 뜻하는 것은 아닐까?
국가대표 선수가 훈련하는 것을 보면 정말 일반인으로서는 감당하기
힘든 엄청난 양의 운동을 한다. 아는 후배는 피아노로 대학을 가기 위해

한 페이지 악보만 거의 수백번 이상 연습했다고 한다. 우리가 살아가면서 우리에게는 환란 즉 어려움이 없을 수는 없다. 하지만 그러한 환란을 극복하고 나면 내가 더 크게 성장할 수 있다. 어찌 보면 환란이나 어려움은 내가 성장할 수 있는 좋은 기회가 되는 것이다. 따라서 어려움을 나의 몸처럼 아껴 이를 극복해 내야 할 생각을 한다면 어려움이 다르게 보이지 않을까?

국가대표 선수들이 하는 훈련은 상당히 힘들지만 그러한 훈련을 최선을 다해 하루하루 해 나가야 자신의 실력이 향상되어 세계에 나가서도 겨룰 수 있을 정도가 된다. 만약 그러한 훈련을 기피한다면, 불행하게도 그는 실력이 좋아질 기회를 잃는 꼴이 된다.

마찬가지로 우리도 살아가면서 어려움과 고통이 존재할지라도 그것을 극복해 내야겠다는 마음을 가지고 임한다면 그 이후 더 나은 나의 모습을 기대할 수 있을 것이다. 나에게 닥치는 모든 것은 다 나를 위해 존재하는 것인지도 모른다. 누가 나를 좋아하건, 싫어하건, 어려움이 있건 없건 말이다.

없음의 세계

보아도 보이지 않는 것, 들어도 들리지 않는 것, 만지려 해도 만져지지 않는 것은 무엇일까?

우리가 보는 것은 부분적인 것 밖에 없다. 전체를 볼 수 있는 사람은 없다. 우리가 들을 수 있는 것도 마찬가지다. 우리는 모든 것을 들을 수 없다. 우리가 잡으려 하고 만지려 하는 것도 어떤 일부에 불과하다. 우리는 전체를 만질수도 잡을 수도 없다.

그것이 바로 우리 인식의 한계이다. 자신이 보는 것이 전부이고, 본인이 듣는 것이 전부이며, 본인이 만지고 있는 것이 전부라고 생각하는 순간, 그는 자신의 인식의 틀에 갇힐 수 밖에 없다. 그는 그 세상 안에서 나올수가 없는 것이다.

우리의 인식이 어떤 것을 구체화하는 순간 우리의 세계는 거기에 머물 수밖에 없으며 다른 세계를 놓치고 만다. 내가 알고 있는 어떤 사람을 이런 사람일 것이라 확정하는 순간 그는 그 사람의 다른 면을 전혀 볼수 없게 된다. 중요한 그의 진짜 모습을 놓칠 수 있다는 이야기다.

도덕경 14장은

視之不見, 名曰夷,
聽之不聞, 名曰希,
搏之不得, 名曰微,
此三者, 不可 致詰,
故混而爲一.

其上不皦, 其下不昧,
繩繩不可名, 復歸於無物.
是謂無狀之狀, 無物之象.
是謂恍惚,
迎之不見其首,
隨之不見其後.
執古之道, 以御今之有.
能知古始,
是謂道紀.

보아도 보이지 않는지라
이름하여 이라고 하고,
들어도 들리지 않는지라
이름하여 희라고 하고,
잡으려 하나 잡을 수 없는지라
이름하여 미라고 한다.
이 셋으로는 밝힐 수 없다.
그러므로 섞여서 하나가 된다.
그 위로 밝지 않고,
그 아래도 어둡지 않으며,
이어지고 또 이어지는데 이름지을 수 없으며,
무의 세계로 복귀하니,
이를 일컬어 모습 없는 모습이요
물체 없는 형상이라 한다.
이를 일컬어 홀황하다 하는 것이다.
앞에서 맞이해도 그 머리를 보지 못하고,
뒤에서 따라가도 그 꼬리를 보지 못한다.

옛날의 도를 잡아서 오늘의 있음을 다스린다.
진실로 옛 시작을 파악하니
이것을 도기라고 한다.

　우리는 우리가 가지고 있는 인식의 틀을 깨야 한다. 내가 알고 있는 것이 전부가 아니라는 확신을 항상 마음에 가지고 모든 것을 바라볼 때 진정한 그것의 모습이 보일 수 있다. 나의 언어와 지식으로 모든 것을 한정하는 순간 우리의 세계는 그 상태로 한정지어질 수밖에 없다.

　따라서 우리의 세계는 없음의 세계다. 내가 알수 있는 게 별로 없고, 내가 볼수 있는 게 별로 없으며, 내가 할 수 있는게 별로 없는 세계가 바로 진정한 세계이다.

　보아도 보이지 않는 곳, 들어도 들리지 않는 곳, 만지려 해도 만져지지 않는 곳에 진리가 있다. 그 진리를 다 알 필요도 없고 다 알 수도 없다. 인간은 그래서 겸허해야 한다. 내가 알고 있는 것이 전부이고 옳다고 확정하는 순간 그는 진리로부터 멀어지는 방향을 선택한 꼴이 된다.

　시간이 아무리 흐른다 해도 우리는 모든 것을 다 알 수 없다. 그게 진리다. 그 세계가 없음의 세계이기 때문이다. 단지 우리가 해야할 것은 우리의 지평을 하나하나 넓혀 나가는 것 뿐이다. 그게 바로 됨으로 가는 길이다. 그러기에 나의 있음은 바로 없음으로부터 기인한다. 그게 바로 내가 가야 할 길이다.

무기력한 내 자신을 왜 믿었을까?

나는 내 자신을 믿지 말았어야 했다. 게다가 난 너무나 무기력했다. 그런데도 불구하고 나는 왜 그렇게 무기력한 나를 믿었을까? 나의 실패는 거기로부터 시작되었던 건 아닐까? 이 정도는 괜찮겠지 하는 나의 마음이 문제였다. 내 자신을 믿지 말았어야 했다. 무기력한 참나의 모습을 일찍 알았어야 했다.

내가 나를 모르는 상태에서 내 자신을 믿고 나의 뜻대로 많은 것을 하려 했다. 나의 내면의 깊은 곳에 무엇이 있는지도 몰랐고, 나의 무의식도 몰랐고, 진정한 나의 존재도 몰랐다. 그런 상태에서 나의 생각과 나의 뜻대로 살아왔다. 나는 인정하고 싶다. 내가 정말 무기력한 존재라는 것을.

깊은 내면이 세계로 가야 함에도 불구하고 그냥 있는 그대로 나를 나타내기에 바빴다. 그게 세상의 전부인 줄 알았다. 그 깊고 넓은 세계를 전혀 알지 못한 채 이제까지 살아온 것이 부끄러울 뿐이다.

도덕경 15장은 말한다.

古之善爲士者,
微妙玄通, 深不可識.
夫唯不可識, 故强爲之容,
豫焉若冬 涉川,
猶兮, 若畏四隣,
儼兮, 其若容,

渙兮, 若氷之將釋.
敦兮, 其若樸,
曠兮, 其若谷,
混兮, 其若濁,
孰能濁以靜之徐淸?
孰能安以久, 動之徐生?
保此道者不欲盈.
夫唯不盈, 故能蔽不新成.

옛날의 참으로 선비인 자는
미묘현통하여 깊이를 알지 못한다.
대저 그 깊이를 알지 못하므로,
억지로 이를 형용한다.
망설임이 마치 겨울에 시내를 건너는 것과 같고,
우물쭈물함이 마치 두려워하는 것 같고,
엄숙하고 의젓하여 마치 손님과 같고,
산뜻하여 얼음이 장차 녹으려는 것 같고,
돈독하기는 막 찍어낸 통나무와 같고,
넓기가 골짜기와 같고,
혼연하여 혼탁한 물과 같다.
누가 진실로 혼탁한 것으로써
이를 진정시켜 서서히 맑게 할 것인가.
또 누가 진실로 편안하게 함으로써
이를 움직여 서서히 생하게 할 것인가.
이 도를 보존한 자는 가득 차기를 원하지 않는다.
대저 단지 차지 않는지라,
그러므로 진실로 해져서 새로와진다.

나는 그 동안 그 많은 세월을 무한한 내면의 세계속으로 한번도 탐험하지 않은 채 어떻게 이제까지 살아왔을까? 사는 게 너무 바빠서였을까? 내가 세웠던 목표를 어떻게든 이루기 위해서 였을까?

진정한 삶의 길은 무엇일까? 자신의 깊이를 위해 가장 먼저 노력해야 하는 것을 나는 왜 몰랐을까? 단순한 많은 양의 지식보다 더 중요한 것이 무엇인지 노자는 간파했다.

그동안 나는 지식을 채우려고만 했다. 차고 넘쳐야 되는 줄 알았다. 하지만 진정한 지혜는 나를 비우는 것에 있다는 것을 도덕경은 말하고 있다. 나를 채우려 하지 말아야 한다고 이야기한다. 남들이 그의 깊이를 알 수 없을 정도의 내면의 세계를 세워야함을 말하고 있다.

이제 무기력한 내 자신을 믿지 않으려 한다. 내 자신은 믿을 것이 못된다. 더 나은 내면의 세계를 위해 노력만 할 뿐이다. 그것이 나에게 남아 있는 시간이 더 밝고 아름다워질 수 있는 지름길이 아닌가 싶다. 오늘 나는 나의 깊이를 위해 얼마나 노력하고 있는 것일까?

그러려니 한다는 것

어렸을 적 어머니한데 회초리를 무던히도 맞았다. 요즘 아이들 같으면 아마 견뎌내지 못했으리라. 형과 싸우기만 하면 무조건 회초리를 드셨다. 형은 어머니의 회초리가 무서워 신발도 신지 않은 채 맨발로 동네 밖으로 도망쳤다가 저녁때가 되서야 돌아오기도 했다. 도망치지 않는 나는 더 맞아야 했다. 내가 형보다 4살이나 어렸는데도 맞는 건 똑같았다. 어머니의 회초리는 정말 매웠다. 하지만 그렇게 많이 맞았어도 어머니를 원망한 적은 단 한번도 없었다.

초등학교 입학한 직후인지, 입학하기 전이었는지 잘 기억은 나지 않는데, 저녁이 다 되어 해가 저물어가는데도 장보러 나가셨던 어머니가 돌아오지 않으셨다. 아무리 기다려도 돌아오지 않아 도저히 기다릴 수 없어 온 동네를 찾아 헤매고 다녔다. 혼자서 동네 시장까지 가고, 모든 곳을 다 찾아 다녔지만 어머니를 찾을 수 없었다. 결국은 찾지 못하고 집에 왔는데도 안 계셨다. 울다 지쳐 잠이 들었던 것 같다. 아침에 일어나 어머니를 보고 끌어 안고 울었다.

대학을 간 후 내가 어떤 일을 해도 어머니는 아무 말씀도 안 하셨다. 새벽까지 놀다 들어와도, 술을 먹어도, 친구들하고 전국을 돌아다니며 며칠씩 집에 들어오지 않아도 몸 걱정만 하실 뿐 내가 하는 모든 것을 다 받아 주셨다. 어릴때는 그렇게 회초리를 때리시고, 대학 가니깐 아무런 간섭도 안 하시는게 너무 이상했다.

지금은 내가 하자는대로 다 하신다. 내가 어떤 일을 하고 어떤 결정을 해도 이제 다 나에게 맡기신다. 지금도 나는 잘못을 하는 경우가 가끔 있지만, 뭐라 그러지 않으신다. 내가 하는 모든 걸 그러려니 하고 믿고 지켜보고만 계신다. 나의 모든 것을 이제는 다 포용하시는 거다.

직장에서나 사회에서 많은 사람들을 만나지만, 다른 이들을 비판하는 사람들은 왠지 가까이 하기가 두렵다. 내 앞에서 다른 사람을 욕하는 사람이라면 내가 없는 곳에서 나를 욕하는 것은 안 봐도 뻔한 일이다. 요즘엔 남의 잘못이나 흠을 받아주는 사람보다는 찾아내어 욕하고 비판하는 사람들이 더 많은 것 같다. 그렇게 함으로써 자신이 더 똑똑하고 깨끗한 것으로 생각하는지는 모르겠으나, 내가 판단하기에는 별 차이가 없다.

도덕경 16장은

致虛極, 守靜篤.
萬物竝作, 吾以觀復.
夫物芸芸, 各復歸其根.
歸根曰靜, 是謂復命.
復命曰常, 知常曰明.
不知常, 妄作凶.
知常容,
容乃公,
公乃王,
王乃天,
天乃道.
道乃久,
沒身不殆.

허를 이루기를 지극히 하고,
고요함을 지키기를 두터이 하라.
만물이 함께 일어나는데,

나는 그것이 돌아감을 안다.
대저 만물은 무성하지만 각각 그 근원에 돌아간다.
근원에 돌아가는 것을 고요함이라고 하고,
이것을 제명에 돌아간다고 한다.
제명에 돌아가는 것을 그러함이라고 하고,
그러함을 아는 것을 밝음이라 한다.
그러함을 알지 못하면 망령되어 화를 자초한다.
그러함을 알면 관용하고,
관용하면 곧 공평해진다.
공평하면 왕이고,
왕이 되면 곧 하늘이고,
하늘이 되면 곧 도이다.
도가 되면 곧 영원하니,
몸이 끝날 때까지도 위태롭지 않다.

노자는 근원으로 돌아감을 그러함이라 보았다. 그러함이란 자연의 섭리
이다. 즉 자연의 원리라는 것이다. 자연은 그 길을 따른다는 것이다. 자
연의 원리가 곧 인간의 원리라는 것을 노자는 간파했다.
그러하다는 것은 새겨야 한다. 나의 판단이 틀릴 수 있다는 가능성을 마
음에 두어야 그러함을 인식할 수 있게 된다. 그렇지 않다면 그는 좁은 세
계의 울타리 안에서만 살다 말 것이다. 나의 생각과 틀리다고 비판한다
면 그러함과는 거리가 멀다. 다른 사람의 흠을 받아주지 못한다면 다른
사람도 역시 나의 흠을 받아주지 못하는 것은 매한가지다.
내 자신이 잘못하고 있는 것들은 무엇일까? 다른 사람이 비판하기 전에
내 자신이 먼저 고치려 노력해야 한다. 내 자신부터 옳게 서는 것이 우선
이 아닐까 싶다. 다른 이의 잘못을 찾아내기 시작하면 자신의 잘못을 바
라볼 시간조차 없다. 다른 이를 비판하기 보다는 그러려니 하는 가능성

을 두고 포용하는 것이 노자가 생각하는 자연의 원리가 아닐까 한다.

노자가 말하는 그 근원에 돌아간다라 함은 자신에게 돌아감이 아닐까 해석해 보고 싶다. 우선 나에게 돌아가 고요히 나를 돌아보는 과정에 그러려니 하는 마음이 생기지 않을까 싶다.

보다 많은 사람을 포용하다 보면 그것은 상대방을 위한 것일 뿐만 아니라 나 자신을 위한 길이 될지도 모른다. 그 길은 다툼이 아닌 화해와 용서의 길이 될 수 있기에, 그 곳에 나의 마음의 안정과 평안이 들기 마련이다. 유교나, 도교나, 불교나 기독교의 핵심은 다 똑같은 것 같다. 인과 도, 자비와 사랑, 이것은 모두 사람에 대한 애착이다. 어머니는 나를 사랑하셨기 때문에 그렇게 많이 회초리로 때리신 거고, 이제 나의 모든 것을 그러려니 하고 포용하는 것인지도 모른다.

있는 듯 없는 듯

　사람은 누구나 거의 비슷하다. 조금씩만 다를 뿐 누가 잘 나고 못나고를 따지려 하는 것은 그가 그만큼 아직 성숙하지 못해서이다. 어떤 사람이 다른 사람을 시달리게 하는 것은 자신이 다른 사람보다 조금이라도 잘났다고 여기기에 그렇다.

　자신의 존재를 나타나게 하기 위해 그는 다른 사람의 우위에 서서 자신의 존재감을 구현하려 한다. 보다 더 강력하게 주위의 사람들에게 자신을 나타내고자 애쓴다. 하지만 이러한 것은 다른 사람의 마음속에서 거부감을 느끼게 할 뿐이다.

　권력을 가진 경우 자신의 힘과 잘남을 만천하에 드러내기 위해 강력한 정책들을 펴나간다. 이전의 모든 것을 다 뒤집어엎고 모든 것을 새로이 전부 바꾸려 한다. 그래야만 그전에 있었던 권력 집단의 존재감을 없앨 수 있기에 그렇다. 하지만 그러한 것은 어쩌면 국민을 생각하지 않고 자신의 권력을 보여주기 위한 것에 불과할지도 모른다.

도덕경 17장은

太上下知有之, 其次親而譽之,
其次畏之, 其次侮之,
信不足焉, 有不信 焉,
悠兮其貴言, 功成事遂,
百姓皆謂我自然.

가장 좋은 다스림은
밑에 있는 사람들이 다스리는 자가 있다는 것만 알 뿐이고,
그 다음은 백성을 친하게 하는 것이고,
그 다음은 백성들을 두려워하게 하는 것하고,
그 다음은 백성들을 업신여기는 것이다.
그러므로 믿음이 부족하면 신뢰를 받지 못함이 있다.
유유하도다.
그는 영을 거의 내리지 않지만
공을 이루고 일을 성취하니,
백성이 모두 우리는 원래 이렇다고 한다.

 노자는 가장 훌륭한 지도자란 백성들이 그 지도자가 있는지 없는지도 모르는 그러한 사람이라고 했다. 지도자의 존재감을 나타내려 하지 않는 경우를 말함이다. 백성들에게 이래라 저래라 하지 않는 그러한 지도자를 일컫는다.

 누군가가 나에게 많은 간섭을 하고, 나의 뜻대로 하기보다는 그 사람의 뜻대로 모든 것을 하려 한다면 나는 그와 같이 무언가를 하기가 싫어질 것은 너무나 뻔하다. 왜냐하면 그 사람이 하라는 것만 하다 보면 나의 존재감이 모두 사라져 버리기 때문이다.

 반대로 내 주위에 있는 누군가가 아무 말도 없이 나를 믿어주고 내가 하려는 것을 그냥 내버려 둔 채 지켜보고만 있다면, 나는 그의 믿음에 보답하기 위해서라도 오히려 더 열심히 나의 할 일을 하려고 할 것이다.

 노자는 이렇듯 훌륭한 지도자는 백성들이 스스로 알아서 자신의 일들을 하게 하는 사람이라는 것을 말하고 있다. 그들이 스스로 하기에 나름 대로의 질서도 강요하지 않는 상황이라 할지라도 확실하고 안정된 화평스러운 질서가 스스로 생기게 되는 것이다. 그러한 것이 보다 나은 사회와 국가로 나아가는 길이라 생각된다.

어떤 사람이 어떤 사회에 있든 그저 있는 듯 없는 듯하며 다른 사람을 믿어주고 그가 하고자 하는 바를 믿고 맡기는 사회, 그러한 사회나 집단이 인간다운 삶을 살아갈 수 있는 바탕이 마련된 좋은 사회나 단체가 아닐까 싶다.

없어지면 있어지고

부모님이 건강하게 살아계실 때는 부모님의 소중함을 잘 모르다가 돌아가시고 나면 살아계실 때 잘해드릴 걸 하는 후회가 생기고 마음속으로 그리워한다. 내 옆에 계실 때는 몰랐는데 이제 계시지 않으니 다시 내 옆에 다시 돌아와 계셨으면 한다.

임진왜란 전에는 이순신 장군의 존재감이 없었다. 전쟁이 터지고 나니 우리 민족 최고의 영웅인 충무공의 존재로 풍전등화의 위기에 빠져 있던 조선이 되살아났다. 그의 연전연승으로 인해 충무공의 존재감이 강력해지자 조선 조정은 그 위대한 영웅을 백의종군시켰다. 다시 전쟁이 위기에 빠지자 충무공의 존재가 필요했다. 그는 명량에서 12척의 배로 133척의 왜군을 격파했다. 세계 전쟁사에 있어 영원히 남을 위대한 승리였다. 그리고 노량에서 그가 죽자 모든 백성이 그를 그리워했다.

도덕경 18장은

大道廢, 有仁義,
慧智出, 有大僞
六親不和, 有孝慈.
國家昏亂, 有忠臣.

대도가 없어지니 인의가 생겨나고,
큰 지혜가 나오니 허위와 사기가 생겨난다.
가족이 화하지 않아 효자가 나타나고

국가가 혼란하여 충신이 나타난다.

어떤 것이 없어지고 나면 새로운 것이 생겨난다. 이것이 자연의 섭리이다. 하지만 우리는 그 없어지는 것의 중요성을 지나고 나서야 알게 된다.

우리는 끊임없이 질문해야 한다. 지금 내가 가지고 있는 것이 나에게 어떤 의미가 있는지를. 없어졌으면 하는 것들이 어쩌면 더 소중한 것인지 모른다. 지나고 나면 돌이킬 수가 없다. 사라지고 나면 다시 돌아오지 않는다.

나에게 있어 가장 중요한 것은 지금 내가 가지고 있는 것이 아닐까? 우리는 지금 가지고 있지 않은 것을 얻기 위하여 애쓰다가 지금 가지고 있는 것을 잃을 수도 있다.

내가 지금 중요하다고 생각하는 것을 뒤집어 바라볼 필요가 있다. 거꾸로 말하면 내가 그리 중요하지 않다는 것이 나중에 시간이 지나서야 정말 중요했다는 것을 알기 보다는 지금 그 사실을 인식하는 것이 진정한 앎이 아닐까 싶다. 그래서 노자는 궁극적 부정의 인식을 취했던 것이다.

결승선에 도달해야

　예전에 자동차를 타고 미국 대륙 횡단을 여러 번 한 적이 있다. LA에서 나이아가라 폭포가 있는 뉴욕주 버펄로까지 간 적도 있고, 샌디에이고에서 캐나다 밴쿠버까지 간 적도 있다. 사람마다 좀 다르겠지만 나 같은 경우엔 장거리 여행이라 할지라도 짐을 간단히 챙긴다. 3, 4일 여행의 경우엔 백 팩 하나면 된다. 여러 가지로 신경 쓸 것이 많으면 정신적으로 피곤하고 일만 많아지기 때문에 의식적으로 정말 꼭 필요한 것만 가져간다.

　우리는 살아가면서 너무 많은 것을 추구하고 있는 것은 아닐까? 우리에게 주어진 시간이 많을 것 같아도 정신없이 살아가다 보면 어느새 세월이 훌쩍 지나가 버리고 있다는 것을 느끼게 된다. 우리 마음으로는 정말 많은 것을 할 수 있을 것 같지만 실제로 이룰 수 있는 것은 그리 많지 않다.

　내가 해야 할 것만 꼭 하려는 마음이 중요하다는 것을 요즘 느낀다. 나의 능력은 부족할 뿐이다. 할 수 없는 것이 할 수 있는 것보다 훨씬 많다. 내가 할 수 있는 것과 해야만 하는 것을 잘 구분할 필요가 있다는 생각이 든다.

　도덕경 19장에서 노자는 말하고 있다.

絶聖棄智, 民利百倍.
絶仁棄義, 民復孝慈.
絶巧棄利, 盜賊無有.

此三者 以爲文, 不足,
故令有所屬.
見素抱樸, 少私寡欲.

성을 끊고 지혜를 버리면 이익이 백배나 되고,
인을 끊고 의를 버리면 백성이 효도와 사랑으로 돌아가고,
교사스러움을 끊고 이로움을 버리면 도둑이 없다.
이 세 가지는 문명의 장식일 뿐 자족한 것이 아니다.
그러므로 돌아감이 있게 하라.
소박을 지니며,
사심과 욕심을 적게 하는 것이다.

성을 끊고 지혜를 버리라는 것은 자신이 엄청나게 훌륭한 인성을 가지
고 있는 것 같으나 그렇지 않고, 지혜를 버리라는 말도 본인이 알고 있는
것이 많은 것 같으나 사실 별것이 아니기에 그러한 자신에 대한 아상(我
相)을 버릴 때 오히려 더 커다란 것을 이룰 수 있다는 뜻이 아닐까 싶다.
　다른 것도 마찬가지이다. 자신의 이익을 너무 추구하다 보면 그것이 본
인에게 좋은 것 같아 보이지만, 결국 이익에 집착하는 습관이 생기게 되
고 말 것이다. 소박함을 지니라는 말은 바로 미니멀리즘을 뜻한다. 욕심
이 과해질수록 얻는 것이 많을 것 같지만 잃는 것도 많다.
　마라톤을 뛰다 보면 정말 몸에 아무것도 없는 것이 훨씬 낫다. 심지어
뛰다 보면 양말도 무겁게 느껴진다. 햇빛이 아무리 강해도 모자도 불편
하다. 정말 몸을 가릴 수 있는 옷만 입고 뛰는 것이 최고다.
　우리의 인생을 마라톤에 비교하는 경우가 많다. 그만큼 힘들고 어려운
일들이 많이 있기에 최소한의 마음으로 달리는 것이 중요하다. 나의 생
각과 마음도 버리고 달려야 할 때가 있다. 나에게 일어나는 일에 연연하
다 보면 그 일이 나의 마음을 짓눌러 마음의 무게를 버티지 못하고 스스

로 주저앉고 싶어질 때도 있다. 그럴 땐 그 마음마저 버리고 달려야 한다. 아무 생각 없이, 아무 욕심 없이 달리다 보면 그러한 것들이 잊혀지고 사라진다.

미니멀리즘은 마라톤 인생에 있어 정말 중요한 것이 아닐까 싶다. 욕심을 버린 내 마음의 미니멀리즘이 나의 가장 큰 원동력이 되어 나를 끝까지 오래 달리게 할 수 있을 것이다. 결승선에 도달해서야 비로소 우리는 만세를 부를 수 있다는 것을 잊어서는 안 될 것이다.

학문을 끊어야 하나?

마음과 몸이 너무 피곤한데도 불구하고 갈 곳이 없고, 이 세상에 나 혼자 존재하고 있는 것 같음을 뼈저리게 느낀다. 그 많은 사람들은 다 어디로 가 버린 것일까? 나는 아무것도 아는 것이 없는 것 같고, 내가 할 수 있는 것도 하나도 없는 것 같다.

다른 사람들은 모두 나보다 똑똑한 것 같다. 말 잘하는 사람도 너무나 많고, 재주 있는 사람들도 무수히 많다. 내가 모르는 것들을 어떻게 그렇게 많이들 알고 있는 것일까? 나는 그동안 나름대로 열심히 노력해 왔건만 내가 성취한 것은 별로 없는 것 같았다.

속상해서 그냥 방안에 틀어박혀 더욱 홀로 침잠의 세계로 빠져들게 되었다. 닥치는 대로 책을 읽고 손에 잡히는 대로 마구잡이로 뒤져 나갔다. 그렇게 오랜 시간이 지났건만 나는 아직도 제자리인 듯했다.

도덕경 20장에서 노자는 말했다.

絕學無憂.
唯之與阿, 相去幾何?
善之與惡, 相去若何?
人之所畏, 不可不畏.
荒兮, 其未央哉!
衆人熙熙, 如享太牢, 如春登臺.
我獨泊兮, 其未兆, 如嬰兒之未孩.
兮若無所歸.

衆人皆有餘, 而我獨若遺.
我愚人之心也哉! 沌沌兮!
俗人昭昭, 我獨昏昏,
俗人察察, 我獨悶悶.
澹兮其若海, 飂兮若無止.
衆人皆有以, 而我獨頑似鄙.
我獨異於人, 而貴食母.

학문을 끊으면 근심이 없다.
네와 아니오가 서로 떨어짐이 얼마이며,
선과 악이 서로 떨어짐이 얼마이뇨.
남들이 두려워하는 바를 나 또한 두려워하지 않을 수 없으니
황막하여 아직 다하지 못하였도다.
많은 사람들은 희희낙낙하여 큰 잔치상을 받은 것 같고,
봄철에 누대에 오르는 것 같거늘,
나만 홀로 고요하여 아직 움직일 기척조차 없어
어린아이가 아직 웃지 못하는 것 같고,
지쳐서 돌아갈 곳이 없는 것 같다.
많은 사람들은 모두 여유가 있는데,
나 홀로 버려진 것 같다.
나는 왜 이리 어리석단 말인가, 혼란하도다.
속인은 영특하지만,
나 홀로 우매하도다.
속인은 잘 살피지만,
나 홀로 답답하도다.
넘실거려 바다와 같고,
산들바람처럼 멎지 않는 것 같다.

많은 사람들은 모두 쓸 데가 있는데
나만 홀로 어리석어 촌뜨기 같다.
나 홀로 남과 달라서
어머니에게 길러짐을 귀하게 여긴다.

 학문을 어떻게 끊지? 내가 제일 좋아하는 것인데. 책 읽을 때 가장 행복
한데 나더러 그것을 하지 말라는 말인가? 나는 평생을 학문을 하면서 살
기로 마음먹었는데. 노자는 왜 나와 반대의 생각을 하는 것일까?
  혼자 있는 시간이 더 많아졌다. 가리지 않고 이것저것 다 찾아보다 지
치면 잠을 잤다. 생각하다가 자고 자다가 생각했다. 다시 일어나 또 찾아
보고 지치면 또 잤다. 그리고 또 일어나 생각하고 그렇게 얼마를 지냈나
모른다. 그렇게 홀로 있다 보니 무언가를 만났다. 그것이 나의 삶의 방향
을 바꾸었다. 그렇게 나는 살아가고 있다. 나중에야 알았다. 왜 노자가
그런 말을 했는지.

원리로 알 수 있다

우리는 살아가면서 가장 궁금해하는 것은 근본적인 것과 관련이 있는 것이 아닐까 싶다. 예를 들어 "나는 누구인가?", "인간은 무엇인가?", "인류의 기원은 어떻게 시작되었나?", "우주는 어떻게 탄생했을까?", 이런 질문은 역사를 통해 계속되어 왔고, 인류는 그 답을 찾기 위해 노력해 왔다.

그런 가운데 어떤 원리를 알게 되었고, 그 원리를 통해 우리의 질문에 대한 해답을 나름대로 얻게 되었다. 우주의 기원과 진화에 대한 것은 아마 인류가 가지고 있는 가장 심오한 질문일 것이다. 비록 우리는 그 정답을 알 수는 없지만, 정답에 가까워지려고 항상 노력해 왔다. 그것은 우리가 자연의 보편법칙이라는 것을 찾아냈기에 가능했다.

도덕경 21장은

孔德之容, 惟道是從.
道之爲物, 惟恍惟惚.
惚兮恍兮, 其中有象,
恍兮惚兮, 其中有物,
窈兮冥兮, 其中有精,
基精甚眞, 其中有信.
自古及今, 其名不去,
以閱衆甫.
吾何以知衆甫之狀哉?
以此.

큰 덕의 풍모는 오직 이 도만을 따르나,
도라는 것은 단지 황이요, 홀이다.
홀하고 황한데 그 가운데 형상이 있고,
황하고 홀한데 그 가운데 사물이 있다.
그윽하고 어두운 그 가운데 정기가 있으니,
그 정기는 매우 순수하며,
그 가운데 신이 있다.
옛부터 오늘까지 그 이름은 사라지지 아니하니
만물의 근원을 통솔한다.
내가 무엇으로 만물의 근원의 실상을 알까?
이것, 즉 도로써 아는 것이다.

　노자 역시 근원에 대한 질문을 하고, 그 답을 찾는 것은 "도(道)"를 알면 가능하다고 했다. 그 도는 어쩌면 자연의 보편법칙인 원리에 해당하는 것이라 생각된다.

　우리는 원리를 알면 대부분을 이해할 수 있게 된다. 우주공간의 존재하는 수많은 물체들의 운동은 "만유인력의 법칙"이라는 보편 원리로 다 이해할 수 있는 것과 마찬가지이다.

　자연의 법칙뿐만 아니라 인간 사회에 존재하는 보편법칙도 있을 것이다. 그러한 법칙을 알게 된다면 우리는 보다 나은 사회를 만들 수 있다. 또한 인간관계를 지배하는 원리를 알게 된다면 서로 좋은 인간관계가 유지될 수도 있을 것이다. 그 원리를 따르지 않기에 많은 문제가 생기며 다툼이 발생하게 된다.

　다른 것보다 그러한 원리를 알려고 노력해야 할 필요가 있다. 나를 알고, 인간을 알며, 자연을 이해하면 우리는 보다 나은 내 자신으로 발전할 수 있고, 훨씬 더 멋있는 인간관계를 만들어 갈 수 있으며, 보다 좋은 사회를 이루어 갈 수 있을 것이다.

원리 즉 도는 그래서 중요하다. 가장 심오한 우주의 기원뿐만 아니라 우리가 궁금해하는 많은 것들을 그것이 알 수 있게 해주기 때문이다.

다툼 없이

이 지구상에는 인류가 생긴 이래로 끊임없이 전쟁과 싸움이 이어져 왔다. 지구상 어느 곳이건, 어느 시대이건 싸우고 다투어 왔다. 현재도 그렇고, 미래도 그럴 것이다. 완벽한 평화는 이룰 수 없다. 하지만 줄일 수는 있다.

산꼭대기에서 눈을 굴린다. 조그마한 눈덩이가 점점 커져 산비탈 아래에 이르면 눈사람 하나 거뜬히 만들 수 있을 만큼 커진다. 싸움이 싸움을 낳는다. 다툼이 다툼을 낳는다. 처음 시작할 때는 비록 조그만 것에서 비롯되었는지 모르지만, 얼마 지나지 않으면 그야말로 전면전이 되어 버린다. 그리고는 죽기 살기로 싸우다 누군가 하나가 죽던가, 둘 다 죽던가 아니면 치명상을 입고 누군가가 녹다운된다. 더 이상 싸울 수 없는 지경에 이르러야 끝이 난다.

인류의 역사는 반복되었다. 종교간, 지역간, 국가간, 민족간, 서로를 싸우고 죽였다. 그로 인해 펴보지도 못하고 죽은 젊은 청춘만도 가히 헤아릴 수조차 많았다.

무엇을 위한 싸움이었을까? 죽기 위해서 싸웠던 것일까? 살기 위해서 싸웠던 것일까? 알고 보면 없어도 되는, 그리 중요하지도 않은 것을 위해 싸우다 그렇게 된 것일지도 모른다.

싸우고 나면 이긴 사람이건 진 사람이건 남는 건 상처밖에 없다. 승리를 했다고 치자. 그 승리가 의미하는 바는 무엇일까? 다른 사람을 무참히 밟았다는 의미다. 그로 인해 행복에 이르렀는가?

나도 많이 싸웠다. 많은 사람들과 싸웠다. 싸움을 좋아하지 않는데도 불구하고 싸웠다. 왜 싸워야 하는지 이유도 모르고 싸웠다. 얻는 것이 하나도 없는데도 그냥 싸웠다. 싸우고 나서 후회하는 데도 싸웠다.

왜 그랬을까? 내가 무식하고 지혜롭지 못해서 그랬다. 이제는 더 이상 내 인생에서 그 누구하고도 싸우고 싶지 않다. 얻는 것이 없을지 모르지만, 그냥 포기하려 한다. 어떻게 하면 다투지 않을 수 있을까 생각해 본다. 그냥 내 존재가 없어지면 된다. 육체적으로 없어진다는 것이 아니라 나의 내면이 사라지면 나의 생각이 없어지면 된다. 내가 없으므로 싸움도 없어질 것이다. 나는 이제 다툼을 버틸 만한 힘도 없고 시간도 없다. 싸우지 않으니 하나도 얻을 것이 없을지 모르지만, 괜찮을 것 같다. 그런 것 없어도 살아가는 데 그리 힘들지 않을 것 같다.

노자는 도덕경 22장에서 다음과 같이 말한다.

曲則全, 枉則直,
窪則盈, 幣則新,
少則得, 多則惑.
是以聖人抱一爲天 下式.
不自見故明,
不自是故彰,
不自伐故有功,
不自矜故長.
夫唯不爭, 故天下莫能與之爭.
古之所謂曲則全者,
豈虛言哉!
誠全而歸之.

꼬부라지면 곧 온전하여지고, 굽으면 곧 펴진다,
파이면 곧 고이고, 낡으면 곧 새로워진다.

적으면 곧 얻고, 많으면 곧 미혹된다.
그러므로 성인은 하나, 즉 도를 지녀 천하의 모범이 된다.
스스로 드러내지 않으니 밝고,
스스로 옳다 하지 않으니 빛나고,
스스로 자랑하지 않으니 공이 있고,
스스로 자만치 않으니 으뜸이 된다.
오직 싸우지 않으니 천하에 그와 다툴 자가 없다.
옛날에 구부러지면 온전하여진다 함이 어찌 헛된 말이겠는가.
참으로 온전하여지는 것들은 모두 도로 돌아간다.

　나에겐 이제 다툴 힘도 없을뿐더러, 다투어 그 어떤 것을 얻기보다는 이제 마음의 평안을 선택해야 할 때다. 어쩌면 그것이 하늘의 뜻일지도 모른다.
　무식하고 지혜롭지 못했던 그동안의 세월이 너무 아쉽다. 하지만 지금도 늦지 않았다. 조그만 싸움이 나중에 점점 커지듯이, 다투지 않으려 하는 마음의 시작이 나중에 전혀 다투지 않는 것으로 될 수 있을 것이다. 내가 없으므로 내가 있다. 그것이 앞으로 내가 가야 할 길이 아닌가 싶다.

회오리바람과 소나기

　자연스러운 것은 오래 갈 수 있지만, 너무 거칠고 강한 것은 그리 오래
가지 않는다. 회오리바람은 그 세기가 강해서 두렵지만, 곧 끝나게 된다.
한여름에 쏟아지는 소나기도 조금 기다리면 바로 그친다. 회오리바람이
나 소나기가 자주 나타나는 현상은 아니다. 자주 나타나지 않기에 금방
사라진다. 자연스러운 현상이 아니기 때문이다.

　인간관계에서도 마찬가지다. 편하고 자연스러운 관계가 오래 지속될
수 있다. 급격히 가까워지는 것은 일시적으로 좋을지 모르나 오래가기
는 힘들다. 갑자기 친해진 친구 사이가 아주 작은 일로 인해 헤어지는 경
우도 흔하다. 많은 시간 동안의 신뢰가 쌓이지 않았기 때문이다.

　많은 것을 고쳐 나가려 하는 정치도 마찬가지이다. 과격한 개혁은 백성
을 힘들게 한다. 권력 주체의 무리한 리드는 결코 국민들에게 도움이 안
되고 힘만 들게 할 뿐이다. 역사적으로 폭정의 정치는 그 종말이 너무나
허무했다. 물 흐르는 듯한 자연스러움이라야 오래 갈 수 있다. 모든 것
은 자연스럽게 맞추어져 갈 때 문제가 생기지 않는다.

도덕경 23장은

希言自然.
故飄風不終朝,
驟雨不終日.
孰爲此者? 天地!
天地尙不能久,
而況於人乎!

故從事於道者,
道者同於道,
德者同於德,
失者同於失.
同於道者, 道亦樂得之,
同於德者, 德亦樂得之,
同於失者, 失亦樂得之,
信不足焉, 有不信焉.

진정한 도는 자연에 순응하므로 많은 말이 필요 없다.
그런고로 회오리바람은 아침을 마치지 못하며,
소나기는 하루를 마치지 못하니 누가 이것을 하는가?
곧 하늘과 땅이다.
하늘과 땅도 부자연스러운 일을 계속할 수 없거늘
하물며 사람에 있어서랴.
그러므로 도를 따라 섬기는 자는 알아야 한다.
도를 구하는 자는 도에 같아지고,
덕을 구하는 자는 덕에 같아지고,
잃음을 구하는 자는 잃음과 같아진다.
도와 같아지는 자는 도 또한 그를 얻어서 즐거워하고,
덕에 같아지는 자는 덕 또한 이를 얻어서 즐거워하며,
잃음에 같아지는 자는 잃음 또한 이를 얻어서 즐거워하니,
신실함이 부족하면 신뢰받지 못하게 된다.

　도와 같아지는 자, 덕과 같아지는 자, 잃음과 같아지는 자, 이 얼마나
좋은 말인가? 도를 구하다 보는 도에 이르고, 덕을 구하다 보니 덕에 이
르며, 마음을 비우려 노력하다 보니 모든 것을 받아들이게 된다는 것이

다. 어떻게 이것이 가능할까?

자연스럽게 가야 하되 결맞아 가야 한다. 그러할 때 우리가 추구하는 목표에 다다를 수 있다. 서두르지 말되 맞추어가야 한다.

물리학에서 진동하는 물체는 그 물체에 따라 결정되는 고유 진동수가 있다. 그 고유 진동수와 결맞을 때 가장 큰 진폭으로 진동할 수 있는데 이를 공명현상이라 한다. 예를 들어 그네를 탈 때 그네가 가지고 있는 고유 진동수에 맞게 밀어주면 그네의 흔들리는 폭이 빠르게 커지지만, 결맞지 않을 경우에는 그네는 제대로 흔들리지 않고 오히려 진폭이 감소된다. 이렇게 고유진동수가 결맞아 공명현상이 극대화될 때 엄청난 에너지가 발생한다.

사람은 각자가 가지고 있는 것이 다르다. 이 세상에 나와 똑같은 사람은 하나도 없다. 즉, 인간의 고유 진동수는 전부 다르다. 내가 만나고 있는 친구나 사람들이 각자 다른 것이 자연스러운 현상이다. 갑자기 친해졌다는 것은 우연히 고유 진동수가 맞았다는 것밖에 안 된다. 하지만 대부분의 경우 사람들은 그런 현상에 미혹하여 서로가 다 맞는 것이라 착각을 한다. 그래서 급격히 친해지나 그것은 자연스러운 것이 아니다.

조금 다르다는 것을 인정하는 것이 오히려 낫다. 그 관계가 오래갈 수 있음을 증명하기 때문이다. 서로 간의 고유 진동수가 다르다는 것을 알았기에 이제 자연스럽게 결맞추어 가면 된다.

정치하는 권력도 마찬가지이다. 자신들의 주장을 국민과 맞추어 가야 한다. 수구보수나 수구진보가 실패할 수밖에 없는 이유가 여기서 나온다. 그들은 자연의 섭리를 이해하지 못하기 때문이다.

너와 나의 다름을 인식함이 바로 그 관계가 건강한 관계임을 증명한다. 그러한 다름을 받아들여 결맞추어 가다 보면 언젠가는 신뢰가 쌓이고 그러한 것이 계속되면 그들의 관계는 안정되게 오래도록 유지될 수 있다.

너와 나의 다름에 결맞추어 갈 수 있기에 그 과정이 어찌 보면 더욱 아름다운 것인지 모른다.

나는 틀리다

이제까지 살아오면서 많은 결정을 하고 선택을 했지만 지나고 나서 돌이켜 보면, 그 중에 상당수가 잘못 결정을 하거나 좋지 못한 선택을 한 경우가 너무 많았던 것 같다. 당시에는 심사숙고하여 많은 고민 끝에 최선의 선택이라 생각하여 한 것임에도 불구하고 지금 와서 판단해 보면 그렇지 못했던 것이다.

내가 옳다고 생각하여 주장하는 경우도 마찬가지다. 당시에는 나의 판단으로는 정말 옳은 것 같아 그것을 강하게 주장하고 추진하여 일의 성취를 위해 노력하였건만, 이제 와 생각해 보면 나의 생각이 꼭 옳았던 것도 아니었다.

당시에는 최선의 길이라 생각하여 많은 힘을 들여가며 했던 것들인데 왜 지금 와 돌이켜 보면 그렇지 못한 것일까? 물론 그 중에 지금까지도 옳은 결정을 한 것도 있기는 하다.

살아가다 보면 수많은 선택과 결정을 해야 하는 것이 운명이거늘, 어떤 것이 정말 최선의 길일까? 선택이나 결정을 안 할 수도 없는 노릇이건만, 그 선택이나 결정에 의하여 많은 일들이 달라질 수 있을 텐데 어느 길이 가장 좋은 길일까?

요즘 들어 자신이 옳다고 강하게 주장하는 사람은 가까이 하기가 두렵다. 자신의 주장을 관철시키기 위해 다른 것을 살펴볼 여유도 없이 강하게 밀어붙이는 사람은 겁이 난다. 많은 것들을 파괴할 위험이 느껴진다. 그냥 내버려 두어도 될 것을 오히려 더 커다란 문제로 확대시키며 결국 모두가 몰락하게 만들 가능성이 있다.

내 자신도 어느 자리에서건 나의 주장을 강하게 펴지 않으려 한다. 나는 항상 틀릴 수 있다는 생각을 마음속에 두고, 수시로 나의 선택과 결정을 돌아보아야겠다는 생각을 한다.

도덕경 24장에는

企者不立, 跨者不行,
自見者不明, 自是者不彰,
自伐者無功, 自矜者不長,
其在道也, 曰餘食贅行,
物或惡之, 故有道者不處.

발돋움하는 자는 서지 못하고,
큰 걸음으로 걷는 자는 가지 못하고,
스스로 나타내는 자는 뚜렷해지지 않고,
스스로 옳다고 하는 자는 나타나지 못하고,
자기 공을 자랑하는 자는 공이 무너지고,
자만하는 자는 오래가지 못한다.
이런 것들은 도에 있어서 찬밥이요 쓸모없는 행동이라,
누구나가 항상 이를 미워한다.
그러므로 유도자는 거기에 몸담지 않는다.

독선과 아집은 자신만이 옳다고 생각하는 데서 기인하는 것이라고 노자는 간파했다. 내가 틀리고 상대방이 맞을 수도 있다는 열린 마음이 없는 한, 그것이 그의 한계일 뿐이다. 그 한계로 인해 스스로 뿐만 아니라 주위 여러 사람이 커다란 상처를 받을 수 있다.
  예전엔 어떤 선택을 하고 나서 다른 생각하지 않고 그대로 추진하였던 것 같다. 중간에 나의 생각이 틀릴 수 있다는 가능성을 염두에 두지 않고 추진하기만 했던 것 같다. 거기에 패착이 있었다. 하지만 이제는 어떤 선택이나 결정을 하고 나서 일을 할 때 수시로 점검을 해야겠다는 생각을 한다. 어느 순간 나의 판단이 잘못되어 더 큰 일이 생기지 않도록 하기 위함이다. 나의 생각이 옳지 않을 가능성이 더 많다는 것을 염두에 두고 하루하루를 보내야겠다는 마음을 가지려 한다. 나의 생각이나 판단이 틀릴 수 있다는 가능성을 항상 마음속에 두어야 한다.

 나에게 주어진 시간이 후회되지 않기 위해 시행착오를 줄여야 한다. 내가 틀리다는 생각이 어느 정도 그것을 위해 도움이 될 것 같다. 예전에도 그랬다면 얼마나 좋았을까 하는 아쉬움이 남는 것 어쩔 수 없는 사실이다. 인생은 한번 뿐이기에 지나간 시간은 돌이킬 수 없다. 안타깝지만 이도 어쩔 수 없다. 앞으로라도 남은 시간들을 위해 나는 매일 같이 생각하려 한다. 나는 틀리다는 생각을.

자연의 순리를 따라

이 세상이 돌아가는 것은 어떤 원리에 의한 것이며, 우리는 그것을 질서라 말한다. 노자는 이를 道(도)라 표현했다. 살아가면서 자연의 순리를 따라감이 진리라 노자는 생각했다. 그래서 그는 도의 철학을 생각한 것이다. 원리에 따를수록 아무런 문제가 생기지 않는다는 것은 너무나 당연한 사실이다. 그것이 본질이기 때문이다.

그 원리를 거스를 경우 우리에게 많은 문제가 생길 수밖에 없다. 따라서 우리는 그 원리를 알아야 할 필요가 있으며 그것에 따라 살아가는 것이 최선의 길이라는 것이 노자의 주장이다.

도덕경 25장은 말하고 있다.

有物混成, 先天地生,
寂兮蓼兮, 獨立不改.
周行而不殆, 可以爲天下母.
吾不知其名,
字之曰道,
强爲之名曰大.
大曰逝, 逝曰遠, 遠曰反.
故道大, 天大, 地大, 王亦大.
域中有四大, 而王居其一焉,
人法地,
地法天,

天法道,
道法自然.

여기에 하나의 사물이 있는데,
뒤섞여 이루어져 천지에 앞서서 생겼다.
그것은 적막하여 소리가 없으나 독립하여 영구불변하고,
널리 행하여 위태롭지 않으니,
따라서 천하의 어머니라고 할 만하다.
나는 그 이름을 모르나 그의 자를 도라고 하고,
억지로라도 이것에 이름을 붙인다면 대라고 한다.
크므로 움직여서 가고,
가므로 멀어지고,
멀어지므로 되돌아온다고 한다.
그러므로 도도 크고,
하늘도 크고,
땅도 크고,
왕도 또한 크다.
세상 중에는 사대가 있는데,
왕은 그 중의 하나이다.
사람은 땅을 본받고,
땅은 하늘을 본받고,
하늘은 도를 본받고,
도는 자연을 본받는다.

 노자는 천지 만물의 모든 것보다 먼저 생긴 것을 도라 생각했다. 그 도
에 의해 사물이 생겨나고 운행된다는 이치를 이미 2,500년 전에 알았던
것이다. 하지만 앎으로 그쳐서는 안 된다. 이를 따라야 한다. 그러므로

노자는 자연을 본받아야 한다고 주장한 것이다. 이러한 자연의 섭리를 따를 때 모든 것이 어려움 없이 순수하게 되어진다.

본문에서 말하는 왕은 단순한 인간 권력의 최고 자리에 앉아 있는 어떤 구체적인 사람은 아닐 것이다. 왕이 의미하는 바는 보편적 인간의 대표로 자연의 원리인 도를 따르는 사람이 아닐까 싶다. 따라서 하늘과 땅과 인간이 자연의 원리인 도에 따라 존재할 때 모든 것이 순리도 돌아감을 노자는 말하고 있다.

따라서 인간은 자신의 인위를 더해 자연의 원리를 따르지 않을 때 문제가 생기며 이는 악화되어 고통과 어려움에 직면할 수밖에 없다. 너무 무리한 욕심은 탐욕으로 변질되어 삶 자체를 망가뜨릴 수밖에 없다. 자연의 원리인 도를 따르지 않았기 때문이다.

따라서 우리는 살아가면서 항상 자신이 하고 있는 것이 순리에 어긋나는 것은 아닌지를 항상 돌아볼 필요가 있다. 가녀린 나뭇잎도 물의 흐름에 따라갈 때 아무런 문제 없이 유유히 흐르는 것만 보아도 자연의 원리의 위대함이 존재함을 알 수 있다. 오늘 나는 그러한 원리에 따라 살고 있는 것일까? 그렇다면 모든 시름과 고민 없는 편안한 하루를 보낼 수밖에 없지 않을까?

무겁게 초연하게

사람은 가까운 사람에게 상처를 받는다. 멀리 있는 사람에게 상처를 받는 경우는 극히 드물다. 그러기에 가까운 사람이 오히려 두렵다. 내가 겪은 바로는 무거운 사람은 주위에 상처를 주지 않는 것 같다. 하지만 주위에 묵직하고 많은 것을 다 포용하는 사람은 그렇게 흔하지 않다.

그래서 그런지 나는 말이 그다지 없고 자신의 주장을 잘 하지 않는 사람을 좋아한다. 그리고 많은 것을 그러려니 받아주는 사람이 좋다. 내가 그렇지 못해서인지는 모르나 어쨌든 말이 많거나 자기 주장을 굽히지 않는 사람은 가까이 하기가 두렵다. 상처를 받을 것 같아 미리 조심하는 건지도 모른다.

조그만 것에 연연해 하는 경우도 왠지 가까이 하기에 겁이 난다. 언제 조그만 일에 서운하면 바로 관계가 단절될 수 있기 때문이다. 무거운 사람일수록 조그만 것에 연연해하지 않는 것 같다.

도덕경 26장은 말한다.

重爲輕根, 靜爲躁君.
是以聖人終日行,
不離輜重,
雖有榮觀,
燕處超然,
柰何萬乘之主而以身輕天下?
輕則失本, 躁則失君.

무거움은 가벼움의 뿌리요,
고요함은 시끄러움의 머리이다.
그러므로 성인은 종일 가도
무거움을 내려놓지 않고,
아름다운 경치가 있어도
편안하게 있어 초연하다.
어찌하여 일만 수레의 임금으로서,
몸을 천하에 가볍게 할 것인가.
가볍게 하면 곧 근본을 잃고,
떠들썩 하면 곧 임금을 잃는다.

 무거움을 내려 놓지 않는다는 것은 그의 세계가 크기 때문일 것이다. 아름다운 경치가 있어도 초연하다는 것은 조그만 것에 연연해하지 않는다는 것이 아닐까? 가볍게 생각하거나 행동하지 말고 항상 무거운 마음을 유지해야 한다는 것이 그리 쉽지는 않을 것이다.
 지금 생각해보면 나는 조그만 것에 연연해 하고 그리 무겁지 못했던 것 같다. 그 얘기는 나도 주위에 많은 상처를 주었다는 결론이 나온다. 내가 받은 상처 이상으로 내가 다른 사람에게 상처를 많이 주었던 것이다.
 언제부턴가 나 스스로부터 무거움을 배우고 연습하려 하고 있다. 하지만 그게 그리 쉽지 않다는 것을 너무나 느낀다. 그래서 나의 무거움이 어느 정도까지 가능할지 시험을 해 보기로 했다. 조그만 것에 어느 정도까지 연연해 하지 않을 수 있는지 알아보려 하고 있다. 그렇게 하다보면 앞으로라도 내 주위에 있는 사람들에게 상처는 주지 않을 수 있기 때문이다. 나의 무거움은 어디까지 가능할까? 나는 어디까지 조그만 것에 연연해하지 않고 초연할 수 있을까? 하루 속히 나의 무거움이 커다란 바윗돌 같이 되길 바랄 뿐이다.

내 옆에 있는 친구

내 친구 중 한 명은 카센터를 한다. 지난번 점심이나 같이 먹을 요량으로 잠시 들렸다. 오전 일을 하고 점심시간에 내 차로 근처 가까운 식당엘 갔다. 간단히 김치찌개를 먹고 다시 카센터로 돌아왔다. 친구가 내 차 열쇠를 달라고 하길래 그냥 아무 생각 없이 줬다.

"왜?"

"어, 차 엔진이 찐빠가 나는 거 같아서."

밥 먹으러 가고 오는 사이 내 차 엔진이 이상한 것을 느낀 모양이었다.

"그냥 내버려 둬. 나 차 그냥 끌고 다닐래."

내 말에도 아랑곳 없이 친구는 내 차 보닛을 열어 엔진을 뜯기 시작하는 것이었다. 내 차가 오래돼서 엔진이 좀 이상하다는 것은 나도 알고 있었다. 차가 신호등 앞에 서 있으면 엔진이 덜덜거린다. 차에 문외한인 나도 내 차를 손보려면 상당한 비용이 들 거란 걸 알기 때문에 고치지 않고 끌고 다니고 있었다. 내 차는 230,000km 넘게 탄 15년 된 정말 고물이다.

"나 차 고칠 돈 없어. 그냥 냅 둬."

친구가 말했다.

"아이 가만있어. 커피나 마시고 있어."

하는 것이었다.

나의 고치지 말라는 얘기에도 불구하고 듣는 척도 안 한 채 엔진을 다 뜯어고쳐 버렸다.

"야 다 됐어. 인제 타 봐. 집에 가서 괜찮은지 전화해."

어쩔 수가 없었다. 그냥 고친 차를 타고 집에 오는데 전에 덜덜거리던 것이 멀쩡해졌다. 감쪽같았다. 사실 엔진에 문제가 있는 것 같았지만 고치기엔 너무 오래된 차라 조금만 더 타고 다른 차로 바꾸려 했었다.

나의 만류에도 불구하고 차를 고쳐놨으니 어쨌든 얼마라도 주어야 할 것 같아. 전화를 했다.

"차 괜찮은데. 덜덜거리던 것 다 없어졌어. 이거 얼마 줘야 해?"

"50만 원"

나는 속으로 고치지 말라고 했는데 고쳐 놓고 50만 원을 부르니 속상했다.

"너무 비싼 거 같아. 좀 깎아 봐."

"알았어. 50% 깎아서 25만 원."

"알겠어. 다음에 갖다 줄게."

전화를 끊고 2주 정도 지나 점심을 먹으러 친구한테 갔다. 밥을 먹으며 지갑에서 40만 원을 꺼내 친구한테 건네줬다.

"저번에 차 고친 거"

친구는 빙긋 웃으며

"도로 지갑에 넣어. 뭘 줘?"

"그럼 25만 원이라도 받어."

하고 나는 돈을 친구 앞으로 밀어줬다.

"그냥 넣어 두라니깐"

하고는 친구가 직접 돈을 다시 내 호주머니에 넣어 주는 것이었다.

"한 푼도 안 받는다고?"

"그래 0원여. 그냥 밥이나 사."

하는 것이었다.

내 친구는 왜 나한테 돈을 받지 않는 것일까? 사실 자동차 엔진을 고치면 부르는 게 값일 텐데. 다른 데 같았으면 100만 원을 불렀을지도 모른다.

세월이 지나면서 생각해 보면 내 옆에 오래도록 있는 사람들은 이익에 그리 밝지 못한 이들이다. 어찌 보면 자신의 이익을 구하지 않는 사람들이다. 그냥 속된 말로 사람 좋은 이들이다.

내 옆에 오래도록 남아 있지 않았던 사람들은 자신의 손해를 보려 하지 않고 자신의 이익을 우선시하는 사람들이었다. 양보란 없으며 자신에게 조금만 불리해도 그동안의 시간과 정을 다 떨쳐 버렸다.

도덕경 27장은 말한다.

善行無轍迹,
善言無瑕讁,
善數不用籌策,
善閉無關楗而不可開,
善結無繩約而不可解.

是以聖人常善求人, 故無棄人,
常善救物, 故無棄物.
是謂襲明.
故善人者, 不善人之師,
不善人者, 善人之資.
不貴其師, 不愛其資,
雖智大迷.
是謂要妙.

잘 가는 자는 바퀴 자국이 없고,
잘 말하는 자는 흠이 없고,
잘 세는 자는 주산이 필요하지 않으며,
잘 닫는 자는 빗장이 없으나 열지 못하고,

잘 묶는 자는 밧줄이 없으나 풀지 못한다.

이것으로써 성인은 항상 사람들을 잘 구하는지라.

그러므로 사람을 버리지 않는다.

항상 사물을 잘 구제하며,

사물을 버리지 않는다.

이것을 밝음에 들어간다고 한다.

그러므로 선인은 불선인의 스승이며,

불선인은 선인의 도움이 되니,

그 스승을 귀하게 여기지 않고,

그 도움을 사랑하지 않으면,

비록 지혜로운 자라도 크게 미혹할 것이니

이것을 현묘한 진리라 한다.

나는 선인이란 마음이 가난한 사람이 아닐까 싶다. 계산 잘 하고 자신의 이익을 철저히 지키려는 자는 결코 선인이 될 수 없다. 비록 본인이 원하는 것을 얻을지 모르나 그것이 영원히 가지는 않는다. 오히려 더 소중한 것을 잃게 된다. 사람을 소중히 생각하고 그와 함께 했던 시간을 중요하게 여기는 이들이 바로 선인이 아닐까 싶다.

그 친구는 아마도 정말 오랫동안 내 옆에 있지 않을까?

상대성과 가능성

양지가 있으면 음지가 있고 긴 것이 있으면 짧은 것이 있기 마련이다. 인생에서 기쁨이 있으면 슬픔이 있고, 행복이 있으면 불행이 있기 마련이다. 세상이 어떤 하나의 것만 계속해서 유지되는 것은 없다.

삶은 어쩌면 상대적이며 양면적이다. 모든 것이 다 그렇다. 그것이 자연의 원리이며 삶의 이치이다. 올림픽이 한참이다. 누군가가 승리하면 누군가는 패배한다. 승리의 환호성을 올리는 사람이 있는 반면에 패배의 울음을 우는 사람도 있다. 하지만 영원한 승자도 영원한 패자도 없다. 따라서 삶에 대해 일희일비하지 않아야 한다. 오늘의 패배 속에 내일의 승리의 가능성이 존재한다. 그러기에 삶은 상대적인 가운데 가능성이 있어 의미가 있다.

도덕경 28장은

知其雄, 守其雌, 爲天下谿.
爲天下谿, 常德不離,
復歸於嬰兒.
知其白, 守其黑, 爲天下式.
爲天下式, 常德不忒,
復歸於無極.
知其榮, 守其辱, 爲天下谷.
爲天下谷, 常德乃足,
復歸於樸.

樸散則爲器,
聖人用之, 則爲官長.
故大制不割.

그 남성적인 것을 알면서
그 여성적인 것을 지키면
천하의 골짜기가 되고,
천하의 골짜기가 되면
덕이 몸에서 떠나지 않아,
어린아이의 무심에로 복귀하게 된다.
그 밝음을 알고 그 어둠을 지키면
천하만민의 모범이 되고,
천하만민의 모범이 되면
덕에서 어긋나지 않고,
무의 극치인 도에 복귀한다.
통나무를 절단하여 그릇을 만드는데,
성인이 이런 이치로 천하만민을 활용할 경우,
그들의 리더가 된다.
그러므로 큰 다스림이란 자르지 않는 것이다.

　남성이 있으면 여성이 있고 밝음이 있으면 어두움이 있기 마련이다. 남성이 여성의 존재를 생각하지 않고 오직 남성으로서만 존재하려는 경우 문제가 생긴다. 여성도 마찬가지로 자신의 입장만 고수하고 남성을 배려하지 않는 경우 어려움이 생긴다. 삶은 상대적이기 때문이다. 상대를 인정하지 않는 이상 자신의 설 자리도 존재하지 않는다. 존중은 서로를 높여주지만 그렇지 않음은 현재의 상태도 유지되기 힘들다.
　어두움이 있기에 밝음이 있고, 밝음이 있기에 어두움이 있다. 우리가 일을 열심히 했기에 쉴 수가 있으며, 쉴 수 있었기에 일을 할 수가 있다. 삶에서 아픔이 있었기에 기쁨을 느낄 수 있고, 고통이 있었기에 영광이라는 환희를 느낄 수 있다. 만남은 헤어짐을 뜻하며, 헤어짐은 만남을 뜻한다. 그렇기에 우리 주변에서 일어나는 것을 다 받아들여야 한다.

자연이나 삶의 상대성으로 인해 가능성이 존재한다. 내가 아직 부족하기에 열심히 노력하여 더 큰 모습으로 성장할 수 있다. 성공했다고 해서 그 성공이 언제까지 계속될지도 모른다. 실패할 가능성도 있다는 뜻이다.

통나무란 가능성이다. 그 통나무가 나의 인생과 마찬가지이다. 통나무는 어떻게 사용될지 모른다. 나의 인생도 그럴 수밖에 없다. 나의 삶은 나 자신에 의해 쓰임 받게 될 뿐이다.

우리는 살아가면서 많은 것을 인정하는 정도가 나의 인생의 폭을 결정할지 모른다. 나의 생각과 다르다고 나의 기준에 합치되지 않는다고 배제하는 것은 그만큼 내 스스로의 한계를 설정하는 것에 불과하다. 그 한계가 설정되면 나의 가능성이 그만큼 작아질 수밖에 없다. 그 한계를 깨뜨리는 나는 상대적인 나여야 한다. 나의 가능성은 거기에 있다.

가능과 불가능

나폴레옹은 그의 사전에 불가능이란 없다고 했지만 거짓말이다. 그는 트라팔카 해전에서 영국의 넬슨에게 대패하기도 했고, 러시아 원정에 실패하여 엘바섬으로 첫 번째 유배를, 워털루 전투에서 패배해 세인트 헬레나 섬으로 두 번째 유배를 갔다. 그리고 거기서 죽었다. 그의 불가능은 없다란 주장으로 인해 얼마나 많은 젊은 청춘들이 전쟁에서 죽어야 했을까? 그 젊은이들 중 전쟁을 원했던 사람들은 몇이나 될까? 정말로 이해하기 힘든 나폴레옹의 그 말은 왜 아직까지도 전해져 내려오는 걸까? 그런 말도 안 되는 얘기를 왜 당시 사람들은 믿고 따랐을까? 다시 나폴레옹 같은 사람이 나온다면 그 말을 믿고 따라야 하는 걸까?

그는 시대를 잘 타고 나긴 했다. 프랑스 혁명을 통해 권력을 잡고 황제를 두 번이나 했으니 말이다. 하지만 프랑스 역사에서 프랑스가 유럽 무대를 휘저은 것은 나폴레옹 시대가 최고였던 것은 사실이다. 그런지 몰라도 프랑스 사람들의 나폴레옹에 대한 사랑은 특별하다. 우리나라의 세종대왕 정도의 위상이다. 파리에 가면 황금빛 돔으로 얹은 앵발리드가 있다. 여기에 나폴레옹의 무덤이 있는데, 그의 관과 그가 입었던 옷까지 전시되어 있다. 프랑스 사람들의 나폴레옹에 대한 자부심을 직접 엿볼 수 있는 곳이다.

사람은 신이 아니다. 불가능이 없다고 말한 이유를 사실 짐작도 할 수가 없다. 전쟁에서 이기기 위함이었을까? 어찌 보면 그게 인간의 한계일지도 모른다.

도덕경 29장은

將欲取天下而爲之,
吾見其不得已.
天下神器, 不可爲也,
爲者敗之, 執者失之.
故物或行或隨,
或허或吹,
或强或羸,
或挫或羸,
是以聖人去甚, 去奢, 去泰.

천하를 취하려 하여 이를 행하는 자는,
그것이 불가능함을 나는 본다.
천하는 신기이라,
인력으로 하려다가는 실패하고,
손으로 잡으려 하다가는 놓친다.
대저 만물은 앞서가기도 하고
뒤를 따라가기도 하며,
또 어떤 것은 강하고
어떤 것은 약하며,
어떤 것은 위로 오르기도 하지만,
어떤 것은 무너진다.
그러므로 성인은 과도한 것을 버리고,
과욕을 버리고, 교만을 버린다.

나폴레옹보다 2,000년이나 더 전에 살았던 노자도 삶에 불가능한 것이 많다는 것을 당연한 듯 알았다. 이 지구상의 수천 년의 역사에서 그 어떤 제국도 모두 다 멸망했다. 예외가 없었다. 앞으로도 그럴 것이다. 그 어떤 강대국이 나오더라도 언젠가는 망한다. 인류가 멸망할 때까지 그런 나라는 나오지 않는다. 인간 자체가 불완전하기 때문이다. 내가 모든 것을 할 수 있다고 생각하는 것, 내가 항상 옳다고 주장하는 것은 나의 사전에 불가능이란 없다고 주장하는 나폴레옹의 말과 다른 것이 없다.

삶은 할 수 있는 것보다도 할 수 없는 것이 더 많다. 할 수 없다는 것을 받아들일 때 삶에서 자유를 느낀다. 내가 삶의 노예로부터 해방된다. 불가능한 것을 가능하게 하려다가 내가 나의 주인이 되지 못하고 삶에 찌들어 살 수밖에 없게 된다.

물론 열심히 노력하여 많은 것을 이룰 수는 있다. 하지만 불가능은 없을 것이라 생각한다는 것은 완전한 패착이다. 베토벤은 나폴레옹을 위해 교향곡을 작곡하려 했다. 영웅이라는 3번 교향곡을 작곡하던 중 나폴레옹이 황제에 취임했다는 소식을 듣고 작곡하던 펜을 집어 던지며 영웅이 아닌 속물이라고 말했다. 영웅과 속물은 종이 한 장 차이일지 모른다. 불가능의 있고 없음의 한 글자 차이처럼.

노자의 인력으로 하려다 실패한다는 말은 그냥 나온 말이 아닐 것이다. 앞서가기도 하고 뒤에 가기도 하고, 할 수 있는 것도 있지만 할 수 없는 것도 있으며, 강한 것도 있고 약한 것도 있는 것이 자연의 섭리일 수밖에 없다. 과도한 것만 버리더라도 어쩌면 우리의 삶은 보다 편안하고 자유로울지 모른다. 그 어떤 누구도 세상을 바꿀 수는 없다. 세상의 주인이 인간이 아니기 때문이다. 우리는 자연의 아주 작은 일부일 뿐이다. 그 어떤 천재가 나와도 그가 할 수 있는 것은 극히 일부밖에 안 된다.

내가 모든 것을 할 수는 없다. 내가 마음먹은 대로 만사가 돌아가지 않는다. 내가 원하는 대로 모든 것이 이루어지지 않는다. 내가 아무리 노력해도 할 수 없는 것이 너무나 많다. 아무리 간절하게 원하더라도 되지 않는 것이 있다. 거기에 미련을 두지 않으려 한다. 그건 나의 영역이 아니기 때문이다. 내가 할 수 있는 그것까지만 최선을 다하려 한다. 하지만 이루어지지 않았다고 해서 나의 인생이 잘못되는 것도 아니다. 나의 삶은 고작 내가 원하는 것이 이루어지지 않는다고 해서 의미가 없어지는 그런 것이 아니다. 많은 것을 이루지 못할지라도 자연의 이치를 따르는 것이 어쩌면 황제에 취임하는 나폴레옹보다 더 위대한 사람인지 모른다.

진정으로 강한 자

　진정으로 강한 사람은 모든 것을 포용할 수 있는 사람이 아닐까 싶다. 자신의 의견을 관철하기 위해 상대방의 모든 약점을 적나라하게 파헤치고 강하게 압박하여 그를 무너뜨리는 것이 강하다고 생각하는 경우가 있다. 비록 어느 순간 자신의 뜻대로 이루어지더라도 그것이 끝이 아니다. 왜냐하면 자신이 다른 사람에게 한 만큼 돌아오기 마련이다. 그것은 당연할 수밖에 없다. 자신이 상대를 무너뜨려 그에게 눈물을 흘리게 했다면 그 또한 언젠가는 눈물을 흘릴 수밖에 없다. 자신이 무너뜨린 상대방이 아닌 다른 일로 인하여 그럴 수도 있고, 훨씬 더 강한 상대에게 무너짐을 당할 수밖에 없다.

　자신이 행한 그 모든 일들은 다시 자신에게 돌아와 오히려 자신을 가로막는 부메랑이 된다. 선한 것을 뿌리면 좋은 것으로 돌아오고, 악한 것을 뿌리면 악으로 돌아올 수밖에 없다. 당장은 자신의 뜻이 관철되어 좋을지 모르나 그것은 그리 오래가지 않는다.

도덕경 30장은

以道佐人主者,
不以兵强天下.
其事好還.
師之所處, 荊棘生焉.
大軍之後, 必有凶年.
善有果而已, 不敢以取强.

果而勿矜,
果而勿伐,
果而勿驕,
果而不得已,
果而勿强.
物壯則老, 是謂不道.
不道早已.

도로써 임금을 보좌하려는 자는
무력으로 천하에 강하게 하지 않는다.
무력의 대가는 반드시 자기에게 돌아오기 마련이다.
군대가 있는 곳에는 형극이 생기고,
큰 전쟁 후에는 반드시 흉년이 든다.
부득이해서 무력으로 어려운 상황을 해결할 뿐이지
무력으로 패권을 과시하는 일을 하지 않는다.
좋은 성과가 있어도 자랑하지 않고,
좋은 성과가 있어도 공을 내세우지 않고,
좋은 성과가 있어도 교만하지 않고,
좋은 성과가 있었던 것도 단지
부득이해서 그리된 것이니
좋은 성과를 올렸다 해서
강함을 과시하지 마라.
모든 사물은 강장하면 곧 노쇠하니
이것을 일컬어 도답지 않다고 한다.
도에 어긋나면 곧 앞길이 막힌다.

  자신의 힘은 자신을 지키기 위해 사용하면 충분하다. 그 힘으로 다른 사람에게 피해를 주는 순간 자신에게 해로움이 시작되고 있다는 것을 알아야 한다. 이 세상의 모든 일은 다른 일의 원인이 될 수밖에 없다. 본인이 옳다고 생각하는 것이 만약 다른 사람에게 아픔이 되는 것이라면 진정으로 옳지 않을 가능성이 크다.

자기 생각과 다르다고 해서 그를 억누를 것이 아니라 그를 포용해야 할 필요가 있다. 그만큼 그릇이 커야 한다. 그릇이 크면 무엇이든 담을 수 있다. 자신의 그릇이 작고 생각이 크지 않기에 자신의 뜻을 관철하는 데만 관심이 있을 뿐이다. 담을 수 없으니 밀어내는 것이고, 자신 또한 나중엔 밀어내어질 수밖에 없다.

많은 것을 포용하면 그럴 일이 없다. 상대도 분명히 알고 있다. 자신이 부족함에도 불구하고 받아주는 것을. 그러니 더 좋은 것이 많이 돌아올 뿐이다.

포용은 그냥 되지는 않는다. 자신을 버림으로, 자신을 나타내려 하지 않으므로 가능하다. 나의 자존심과 나의 생각은 순간일지 모른다. 그것을 넘어서야 더 많은 것을 담을 수 있는 그릇이 되지 않을까 싶다. 많은 것을 포용할 수 있는 사람이 진정으로 강한 자이기에 그의 앞길은 막힐 일이 없을 것이다.

싸움은 어쨌든 피해야 한다

우리는 살아오면서 주위의 많은 사람들과 다투게 된다. 개인적 뿐만 아니라 사회 내에서 조직이나 단체끼리도 많이 싸우며, 더 나아가 국가 간의 갈등으로 인해 전쟁이 일어나기도 한다. 이유가 어쨌든 다툼은 지양되어야 한다. 양쪽 모두에게 피해가 될 수밖에 없다. 싸워서 이겼다고 해서 좋은 것도 아니다. 패자는 다시 기회를 엿보고 반드시 자신이 받은 것을 돌려주려 한다.

인류의 역사에서 전쟁은 끝이 없었다. 전쟁이 없었던 시대는 존재하지 않았다. 현대에 와서 전쟁이 인류의 문화가 발달함에 따라 줄어들 것 같아도 전혀 그렇지가 않다. 문제는 싸우는 양쪽 모두에게 이익보다는 피해가 더 크다는 사실이다. 영원한 승리는 없기 때문에 언젠가는 패배를 당해 다 돌려받게 된다.

도덕경 31장은

夫佳兵者, 不祥之器.
物或惡之, 故有道者不處.
君子居則貴左, 用兵則貴右.
兵者, 不祥之器, 非君子之器.
不得已而用之, 恬淡爲上.
勝而不美. 而美之者, 是樂殺人.
夫樂殺人者,
則不可得志於天下矣.

吉事尙左, 凶事尙右.

偏將軍居左, 上將軍居右,

言以喪禮處之.

殺人之衆, 以哀悲泣之.

戰勝. 以喪禮處之.

대저 훌륭한 병기는 상서롭지 못한 것이라

만물이 항상 이를 미워한다.

그러므로 도 있는자는 그것에 몸담지 않는다.

그래서 군자는 평상시에는 왼쪽을 귀히 여기고,

병기를 쓸 때는 오른쪽을 귀히 여긴다.

병기란 상서롭지 못한 것,

군자가 소지할 것이 못 된다.

부득이하여 이를 쓰게 되면

초연하고 담담한 자세를 최상으로 삼아야 한다.

승리하여도 찬미하지 않아야 하고,

만일 이를 찬미 한다면 이는 살인을 즐거워하는 것이니,

대저 살인을 즐거워한다면 곧 뜻을 천하에 얻지 못한다.

길한 일에는 왼쪽을 숭상하고,

흉한 일에는 오른쪽을 숭상한다.

편장군은 왼쪽에 있으며

상장군은 오른쪽에 있으니,

상례로써 이에 대처함을 의미한다.

사람 죽이기를 많이 했으니

비애로써 이에 임할 것이고,

전쟁에서 승리한다 해도 상례로써 이에 대처해야 한다.

사람 간의 관계에서도 싸움은 서로에게 피해를 줄 뿐이다. 한 번 이겼다고 끝나는 것이 아니기 때문이다. 싸우기 시작하면 그 다툼은 계속 이어져 모든 에너지가 다 소진될 수밖에 없다. 우리에게 주어진 귀중한 시간을 싸우면서 다 허망하게 공중으로 날아가 버리고 마는 것이다.

싸움은 가까운 사람하고 하는 경우가 더 많다. 내가 아주 모르는 사람하고는 싸울 이유가 별로 없다. 싸움의 원인은 다름 아닌 이해관계에서 비롯되는데 누구나가 모두 욕심이 있기 때문에 그것에 맞지 않게 되면 싸우게 되는 것이다. 하지만 조금 더 얻으려는 그 욕심으로 인해 더 커다란 것을 잃게 된다. 자신이 예상치 못한 일들이 싸우는 과정에 반드시 나타나기 때문이다.

다투어 이겼다는 것은 상대에게 아픔을 주었다는 것이다. 상대의 눈물을 진정으로 즐길 수 있는 것일까? 승리의 환호는 결국 상대의 파멸로 인한 것인데 그것이 의미가 있는 것일까? 패배를 당한 사람도 다 귀하고 소중한 존재이다. 그러한 존재의 몰락을 즐길 수 있다면 그는 이미 많은 사람들이 이야기하는 선함에서 멀어져 있는 사람일 것이다. 우리는 악한 존재가 되기 위해 이 세상에 태어나 존재하는 것이 아니다.

자신을 지키기 위해 다툴 수는 있지만, 서로가 최소한으로 멈추어야 한다. 더 이상의 가능성이 없을 경우는 할 수 없지만, 그 이상을 생각하는 것은 자연의 순리가 아니다. 함께 더불어 살아가는 것이 바로 자연의 원리일 수밖에 없다. 지구상에 그 많은 것들이 존재하는 이유는 같이 함께 하라는 것에 있다.

내가 아픈 만큼 다른 사람도 고통스럽다는 것을 인지해야 한다. 자신만의 안락을 위해 상대를 제거하려는 것은 자신도 그 고통의 길에 이미 들어선 것임이 틀림없다. 삶은 사랑하고 용서하기에도 부족하다. 그것이 너무 어렵다면 최소한 다툼만큼은 피해야 한다.

바다로 갈 친구

고등학교 3학년 우리 반은 모두 60명이었다. 고등학교 졸업하고 우리 반 아이들은 잘 뭉치고 잘 모였다. 어느 모임이 잘 되려면 씩씩하게 앞장 서서 용감하게 진두지휘를 하는 사람이 필요하다. 석이가 그 역할을 정말 잘했다. 반장과 부반장이 있음에도 불구하고 모든 것이 석이의 노력으로 우리 반 모임이 너무나 잘 되었다.

석이는 그동안 내가 보아 온 친구 중 가장 열심히 살았다. 20대 초반에 부모님을 다 잃고 동생을 보살피며 결혼도 일찍 해서 아이 넷을 낳아 맨손으로 시작해 스스로 일어섰다. 그 나이에 일찍 집도 장만하고 그렇게 자수성가하기가 결코 쉬운 일이 아니었다. 누구의 도움 없이 젊은 나이에 그만큼 이루기 위해서 그는 그가 할 수 있는 모든 것을 다했다. 그런 과정에 얼마나 아픔과 외로움이 있었을까?

시간은 흘러 30년이 지났다. 세월은 사람을 지치게 한다. 이리 치이고 저리 치이다 보면 누구나 지쳐간다. 그 용감하고 씩씩하던 석이도 지쳤는지 어느 날 홀연히 혼자 여행을 떠났다. 짧은 시간이 아닌 몇 개월의 기간을 홀로 다니며 자신만의 아픔을 달랬다. 내가 도와줄 수 없는 것이 너무나 속상했다.

그리고 다시 집으로 돌아왔다는 연락을 받았을 때 속으로 얼마나 반가웠는지 모른다. 저녁을 같이 먹기로 하고 밥을 먹으면서 우연히 옛날 사람들은 이름 말고 호가 하나씩 있다던데 우리도 호를 하나씩 가져보자는 얘기가 나왔다. 나는 예전에 산사에 갔을 때 본 "아니 온 듯 다녀가자"라는 말이 생각났다. 원래 나는 나의 존재가 주위에 잘 드러나지도 않고 해서 나의 호를 "무명(無名)"이라고 지었다. 석이는 뭐로 지을까 고민을

하길래 내가 대뜸

"너는 약수(若水)라고 해."

라고 했더니 별로 마음에 안 드는 눈치였다.

그래서 내가

"上善若水(상선약수)는 노자의 도덕경에 나오는 내가 최고 좋아하는 말이야. 이 세상 최고의 선은 물처럼 흘러가며 사는 거란 말인데 멋있잖아."

그제서야 석이는 마음에 들어 하는 듯했다.

그렇게 석이의 호는 약수가 되었고 나의 호는 무명이 되었다. 그 후로 우리는 이름을 부르다가도 심심하면 서로의 호를 부르곤 했다. 내가 석이의 호를 '약수'라 생각한 것은 그의 아픔을 잘 알기 때문이다.

20대 초반부터 혼자서 모든 것을 다 헤쳐나가야 했던 그의 피눈물 나는 노력을 생각하면 너무나 가슴이 저리다. 게다가 그는 완벽주의적 성격을 가지고 있어서 조그만 것도 그냥 지나치지 못한다. 그게 그를 더 힘들게 하는 것이 아닌가 하는 생각도 가끔은 한다.

석이를 태우고 내가 운전을 하고 갈 때면 불법 유턴도 못한다. 사실 나는 다른 사람이 안 보는 데서 가끔 그런 짓을 한다. 내가 불법 유턴을 할라 치면,

"아니, 무슨 교수가 불법 유턴을 하려고 해. 기다려."

겁나서 기다렸다 해야 한다.

터널을 지나갈 때도 석이가 옆에 타고 있으면 차선을 바꿀 수도 없다. 차선을 바꿀라 치면 대번

"차선 바꾸지 마세요."

호통이 떨어진다.

'에휴, 그냥 좀 넘어가지.'

나는 속으로 그렇게 말하지만, 그의 지시를 거부할 용기도 명분도 없다.

석이는 너무 열심히 살았다. 완벽하려는 성격이 그가 20대 초반에 스스

로 일어설 수 있는 힘이 되었을 것이다. 하지만 우리는 50대 중반이다. 그래서 이제 그만 물 흐르듯 자연스럽게 지내고, 힘들면 쉬어가고, 앞에 장애물이 있으면 부딪히지 말고 돌아가면 어떨까 하는 마음으로 그 호를 생각했던 것이다. 석이가 내 마음을 알기나 할까?

도덕경 32장은 말한다.

道常無名,
樸雖小, 天下莫能臣也.
侯王若能守之,
萬物將自賓.
天地相合以降甘露,
民莫之令而自均.
始制有名.
名亦旣有,
夫亦將知止.
知止, 可以不殆.
譬道之在天下, 猶川谷之於江海.

참된 도에는 이름이 없다.
소박함은 비록 작으나
천하의 누구도 신하로 삼지 못한다.
후왕이 만일 이 소박성을 지키면,
천하만물이 자연히 질서있게 될 것이다.
이렇게 되면 천지가 서로 교합하여
태평성대의 징조로서 이슬을 내리고,
백성들에게 명령하지 않아도 스스로 질서를 찾는다.

소박한 통나무를 잘라
여러 가지 이름이 붙은 그릇을 만들듯이,
무위 자연의 도를 이 세상에 전개하면,
그런 이름이 붙은 것들은 자기의 머무를 바를 알게 된다.
그런데 그 머무를 바를 알게 되면 조금도 위태롭지 않다.
도가 천하에 있다는 것은 비유해 말하면,
마치 모든 내와 골짜기의 물이 강과 바다로 흘러드는 것과 같다.

　나는 이제 석이가 머무를 바가 어딘지 알고 있을 것이라 생각된다. 그는 그가 있어야 할 자리가 있다. 내가 범접하지 못했을 자리에 그가 있었다. 씩씩하고 용감한 그의 모습이 다시 돌아올 것이다.
　석이는 나에게 그의 앞으로의 꿈을 이야기하곤 한다. 나의 그의 꿈이 꼭 이루어지길 진심으로 바란다. 산꼭대기에서 시작된 물은 흐르고 흘러 강을 거쳐 바다에 도달한다. 중간에 어떤 장애물이 있어도 어떤 일이 일어나도 끝까지 흘러가는 것이 바로 물의 잠재력이다. 거기에 "상선약수"라는 위대함이 있다. 내 친구 "약수"도 흐르고 흘러 결국은 바다로 흘러갈 것이다. 그곳에서 그의 소중한 꿈이 이루어질 것이다.

나를 알기 위해

　대학 2학년 때 교양과목으로 윤리학을 들었다. 수업 첫날 교수님이 들어오셨는데 키가 엄청나게 크셨다. 190cm는 족히 넘을 것 같았고 아마 2m에 육박하지 않았을까 싶었다. 인도철학을 전공하셨는데, 학기 내내 우리들의 무언가를 깨주기 위해 계속 노력하셨다. 하루는 수업시간에 학교 뒷산에 올라가 요가를 배우기도 했고, 20분 정도 산에서 명상을 하기도 했다. 교과서도 없었고, 과제도 없었다. 진도도 없었고 그냥 교수님이 그날 아무 얘기나 하는 것 같았다. 심지어 수업시간에 의자에 앉아 있지 말고 모두 책상 위에 올라가 앉아서 하자고 하셔서, 우리 모두 책상 위에서 가부좌를 틀고 앉아 수업을 하기도 했다. 책상 위에 앉아서 담배 피우는 학생들은 모두 담배를 꺼내서 피라고 하셔서, 많은 학생들이 정말로 책상에 앉아 강의실에서 담배를 피우면서 수업을 하기도 했다.

　많은 이야기들을 교수님과 토론을 하면서 수업을 했다. 별 희한한 질문을 하는 학생도 있었고, 어떤 질문이건 교수님은 다 받아주셨다. 자기가 관심 있는 책 아무거나 읽고 와서 수업시간에 발표하고 질문을 하고 토론을 하기도 했다. 중간고사도 치르지 않았다. 기말고사만 보겠다고 하셨다. 그렇게 한 학기를 전에는 들도 보도 못한 것들을 하면서 윤리학 수업을 마쳤고, 기말고사 시간이 돌아왔다.

　교수님이 시험시간에 들어오셨는데 문제지가 없었다. 답안지를 일 인당 8절지로 서너 장씩 나누어 주셨다. 학생들이 문제지가 없다고 하자, 교수님이 칠판에 문제를 적겠다고 하시면서 칠판 쪽으로 가셨다. 딱 한 문제라고 하시면서 8절지 4페이지 이상을 무조건 채우라고 하셨고, 4페이지를 채우지 못하면 학점이 B 이상은 불가능하다고 하셨다. 시간에 구애받지 말고 두 시간이건 세 시간이건 마음껏 쓰고 싶은 대로 쓰라고 하셨다.

우리들은 모두 교수님이 기말고사 문제를 쓰시는 칠판을 일제히 바라보며 어떤 문제인가 싶어 집중하고 있었다. 문제는 단 한 줄이었다.

"나는 누구인가?"

칠판을 바라보던 우리들은 순간적으로 모두가 얼어붙은 채 아무런 반응을 하지 못했다. 나도 갑자기 정신이 멍한 것이 무엇을 써야 할지 감이 안 왔다. 몇 분 동안 정말 강의실에는 정적만 감돌았다. 모든 학생들이 멍만 때리고 있는 것 같았다. 잠시 후 학생들 한두 명씩 정신을 차린 듯했고 한두 명씩 답안을 써 나가기 시작했다. 강의실에는 답안지를 채우는 볼펜 소리만 들렸다. 나도 정신을 차려 써 나가기 시작했다. 정신없이 쓰다 보니 두 시간이 훌쩍 넘어갔고, 8절지로 5페이지 정도를 간신히 채우고 교수님께 제출하고 인사를 드리고 강의실을 나왔다. 사실 그 시험은 나에게 충격이었다. 그 이후로 지금까지도 '나는 누구인가'라는 그 질문에 아직까지도 생각을 하고, 답을 하고 있는 것 같다.

나는 내 자신을 얼마나 알고 있는 것일까? 사실 그동안 정신없이 앞만 보고 사느라 내 자신을 돌아보거나, 나에 대한 객관적 모습을 파악하는 데 있어 게을렀던 것이 사실이다. 나를 정확히 알고 나의 현재의 모습을 확실히 인식하여야 더 나은 나의 모습으로 성숙되어 갈 수 있는데, 바쁘다는 핑계로 가장 중요한 그러한 일들을 하지 못했던 것 같다.

노자는 도덕경 33장에서 다음과 같이 말한다.

知人者智, 自知者明.
勝人者有力, 自勝者强.
知足者富, 强行者有志.
不失其所者久, 死而不亡者壽.

남을 아는 자는 지혜롭고,
스스로를 아는 자는 현명하다.
남을 이기는 자는 힘이 있으며,
스스로를 이기는 자는 강하다.
족함을 아는 자는 부유하고,
힘써 행하는 자는 뜻이 있다.
그 자리를 잃지 않는 자는 영구하고,
죽어도 망하지 않는 자는 장수한다.

　나름대로 책도 많이 읽고, 공부를 많이 한다고는 했지만 나 자신이 누구인지를 아는 공부에는 그동안 너무 게을렀던 것을 고백하지 않을 수 없다. 그로 인해 나는 더 나은 모습으로 성장해 나가는 기회를 놓쳤고, 항상 하는 것만 하는 예전의 구태의연한 모습을 반복해 왔으며 발전하지 못하는 생활을 해왔던 것을 인정하지 않을 수 없다. 내 자신이 누구인지도 모르는 데 다른 것을 알아서 무엇하겠는가? 스스로의 객관적인 모습을 파악하지 못한 채 다른 것을 추구하는 것이 무슨 의미가 있단 말인가? 보다 나은 나, 보다 성숙한 나를 위해서는 나의 현재 모습을 계속해서 바꾸어 나가야 할 것이다. 그러기 위해서 내 자신을 이겨야 한다.

　내 자신을 알고 나면, 내 자신을 이길 수 있을 것이다. 또한 나를 알고 나를 이기기 위해 지극히 노력할 수밖에 없다. 스스로를 이기기 위한 노력은 가장 지고한 가치가 있지 않을까 싶다. 더욱 나은 내 자신이 있어야 한다. 나를 이길 수 있는 내가 존재해야 한다. 다른 것은 필요 없다. 나를 이겨 올곧은 나로 다시 태어나야 한다. 올곧은 내가 존재함이 바로 우주다. 그러한 나로 바로 서지 못함은 진정한 내가 없다는 것이다. 진정한 내가 없다면 우주도 의미 없다.

　또한, 많은 것을 욕심부리지 말고, 지금 내가 가지고 있는 것에 감사하며 만족할 줄 알아야 할 것이다. 그로 인해 나는 많은 것으로부터 자유로울 수 있지 않을까 싶다. 그 자유가 삶의 기쁨이 되고 행복이 되리라 확신한다. 오늘 하루 중의 다만 짧은 시간이라도 나를 알기 위해 내 자신을 위해 남겨두어야 한다. 나를 바라보는 그 시간, 그것이 모든 것의 근원이기에.

어느 쪽으로도 가고 싶지 않다

나는 어쩌면 회색분자일지도 모른다. 흑백논리로 따진다면 존재할 곳이 없다. 나는 청군에 속하기도 싫고 백군에 속하기도 싫다. 청군에 속하면 청군을 응원하고 백군이 지기를 바래야 한다. 백군에 속하면 백군을 응원하고 청군이 지기를 바래야 한다. 나는 그게 싫다. 어느 한편에 속함은 나에게는 구속과 마찬가지다. 누구 편을 들고 싶지도 않고 누구 편이고 싶지도 않다. 나는 그냥 나로 존재하고 다른 모든 사람과 소통하며 함께 하고 싶을 뿐이다.

학교에서 학생들을 가르친 지 15년 정도 되었다. 학교 내에도 이편저편이 있다. 교수협의회 내에도 그렇다. 몇 명 되지 않는 인원임에도 이편과 저편이 존재한다. 어느 조직이건 편 가르기에 자유로운 곳은 없다. 그러기에 나는 어쩌면 부적응자일지도 모른다.

하지만 계속 부적응자로 지내기로 했다. 나는 어느 한쪽에 속할 만큼의 용기가 없다. 그래서 어느 쪽에서도 나를 달가워하지 않는다. 자기네 편에 들라고 한다. 하지만 나는 그냥 자유를 선택해 왔다. 그러기에 쓰임을 받지도 못한다. 그러나 그 길이 내가 가야 할 길이다. 부적응자일지는 모르나 어느 편과도 편한 것은 사실이다. 청군 사람과 밥을 같이 먹기도 하고, 백군 사람과 커피를 마실 수도 있다. 나는 어느 한쪽을 미워할 자신이 정말로 없다. 같은 학교에 소속되어 있기 때문에.

노자는 도덕경 34장에서

大道氾兮, 其可左右,

萬物恃之而生而不辭.
功成不名有,
衣養萬物而不 爲主.
常無欲, 可名於小,
萬物歸焉, 而不爲主.
可名爲大,
以其終不自爲大, 故能成其大.

　큰 도는 부평초가 물에 흔들리는 것같이 자유자재로 좌우로 움직일 수가 있다. 만물이 이를 의지하여 생겨나도 사양하지 않는데, 공을 이루어도 이름을 갖지 않으니 만물을 의양하되 주재자가 되지 않는다. 항상 무욕하니 소라고 이름할 만하고 만물이 이것으로 귀일하되 주인이 되지 않으니, 이름하여 대라고 할 것이다. 그것이 종내 스스로 대라고 하지 않으니, 진실로 그 대를 이루어 내는 것이다.

　나는 어쩌면 부평초에 불과할지 모른다. 이리저리 떠다니는 볼품없는 조그만 풀 같은 존재. 그래서 욕심이 없는 것일지 모른다. 하기야 부평초 같은 인생이 욕심을 부려봐야 무엇을 얻겠는가? 어느 편에 속하지 않으니 주인 의식도 없고 무언가를 해내려는 의지도 없다. 하지만 나는 괜찮다. 어느 쪽으로부터 주목받지 못하는 존재일지 모르나 마음이 편하고 자유로운 것을 선택한 나의 길이기에 어떤 후회도 없다. 오늘도 부평초 같은 나의 사무실 전화기에서는 어떤 울림도 없다. 밥을 같이 먹자거나 커피를 같이 마시자는. 어느 편에도 속하지 않았기에 그렇다. 내가 아무한테나 전화해야겠다. 누구한테나 전화해도 같이 밥을 먹을 수는 있다.

모든 것이 편안하다

　중요한 원리를 알면 모든 것을 한 번에 다 이해하고 풀어낼 수 가 있다. 뉴턴은 만유인력이라는 간단한 법칙을 알아내어 우주 공간에 있는 모든 물체의 운동을 이해할 수 있었다. 원리는 그래서 중요한 것이다

　우리가 살아가는 데 있어서도 삶의 원리를 알면 그만큼 우리의 삶이 평안해 질것이 분명하다. 노자는 그 원리를 도라 표현했다. 그는 자연의 원리 그 자체를 알려고 했고 그것에 따라 우리 개인이 삶 뿐만 아니라 사회 나아가 국가에도 적용을 한 것이다.

도덕경 35장은

執大象, 天下往.
往而不害, 安, 平, 太.
樂與餌, 過客止.
道之出口, 淡乎其無味,
視之不足見,
聽之不足聞,
用之不足旣.

거대한 도를 따르면
천하가 움직인다
어디를 가나 해를 입지 않으며,
편안하고 평등하고 안락하다.

음악과 요리에 과객이 발을 멈추지만,
도가 입에서 나올 때는 담담하여 맛이 없다.
보아도 볼 수가 없고,
들어도 들을 수가 없다.
아무리 써도 다함이 없다.

大(대)란 大道(대도)를 말한다. 자연 그 자체의 원리를 이야기하는 것이다. 구체적인 법칙이 아닌 보편법칙이다. 그 대도를 알면 천하를 이해할 수가 있다. 천하에 존재하는 인간도 그 원리를 따르면 된다.

그 원리를 따라 살아가면 어디를 가도 편안하고 모든 것이 평등하며 삶 자체가 안락하다는 것이다. 그러한 원리를 따르지 않을 때 평안과 평등과 안락이 깨진다. 그래서 우리는 삶의 고통을 느끼고 어려움에 빠져 하루하루가 힘든 나날의 연속이 되는 것이다.

도를 알고 있다면 어떤 것이 내가 와도 아무런 문제가 없다. 내 주위에서 일어나는 일이나 주위에 있는 사람들로부터 어떤 어려움도 겪지 않는다. 그렇게 도를 따라 살아가는 것은 나에게 진정한 삶을 보장해 줄 수 있다.

자신을 감추고

　삶의 모든 것에는 양면성이 있다. 성공이 있으면 실패가 있고 어두움이 있으면 밝음이 있기 마련이다. 우리는 일생에서 계속 성공할 수만 있는 것도 아니고, 실패만 하는 것도 아니다. 어두움이 있기에 또한 밝음이 있다.

　사람 간의 관계나 국가 간의 관계에서도 마찬가지이다. 내가 약하게 보이면 상대는 나를 충분히 제압할 수 있을 것이라 생각하기에 자신의 약점을 보여줄 수 있다. 나 자신의 장점이나 강한 면을 감추는 것이 상대를 이길 수 있는 방법이기도 하다.

도덕경 36장은

將欲歙之, 必固張之,
將欲弱之, 必固强之,
將欲廢之, 必固興之,
將欲奪之, 必固與之,
是謂微明.
柔弱勝剛强.
魚不可脫於淵,
國之利器不可以示人.

장차 이를 움츠리게 하려면 반드시 먼저 펴게 하고,
장차 이를 약하게 하려면 반드시 먼저 강하게 하고,

장차 이를 폐하려고 하면 반드시 먼저 일으키고,
장차 이를 뺏으려 하면 반드시 먼저 주어라.
이것을 일컬어 밝음의 이치라고 이른다.
부드럽고 약한 것이 딱딱하고 강한 것을 이기니
물고기는 연못에서 빠져 나오지 말 것이며,
나라의 이기는 남에게 보이지 말 것이다.

　흔히 도덕경 36장은 병가에서 많이 인용되곤 한다. 상대를 제압하기 위해 내가 너무 강한 면을 보이면 상대는 더욱 자신을 감추어 나를 이기려 한다. 내가 약함을 보임에 따라 상대는 자신의 강함으로 나를 제압하려 하니 상대의 모든 것을 알 수가 있다. 장점만 있는 사람은 없으니 그 경우 약점이 나타나게 마련이다. 이를 바탕으로 상대를 이길 수 있는 기회를 얻게 된다.

　약해 보일지 모르나 그 부드러움이 강함을 이길 수 있는 비결이 여기에 있다. 물고기는 연못에서 나오면 바로 잡힐 수밖에 없다. 자신의 진정한 모습을 감추는 자가 강한 자이다. 나의 모든 것을 전부 외부에 알려주면 상대는 그것을 집요하게 물고 늘어질 수밖에 없다. 가능한 나의 모습을 감추어 두어야 한다. 국가도 마찬가지이다. 나라의 가장 중요한 것은 다른 나라에게 알려져서는 안 된다. 초일류기업들이 자신의 산업기밀을 극도의 비밀로 감추는 것은 이러한 이유에서다. 나 자신을 감출 수 있는 능력, 그것이 그의 진정한 강함을 유지할 수 있는 바탕일 것이다.

자연의 원칙에 따라

모든 것이 자연의 순리대로 따른다면 커다란 문제는 생기지 않는다. 높은 산꼭대기에서 시작되어 흐르는 물은 바다에 이르기까지 스스로 정화 작용을 하면서 맑음을 유지한다. 자연은 스스로 생장하는 것이다. 이러한 물의 흐름을 막고 그 중간에 인위를 더할 때 물의 흐름은 끊기고 썩기 마련이다. 자연의 법칙은 그래서 위대하다. 아무런 작용을 하지 않았음에도 불구하고 스스로 치유하고 가야 할 길을 간다. 자연의 순리 이것이 바로 노자가 말하는 무위 즉 도(道)이다.

아무런 인위를 가함이 없이 자연의 섭리를 따른다면 우리 삶에 커다란 문제가 생기지 않는다. 우리가 어떤 인위를 가하는 것은 우리의 탐욕 때문이다.

사람 간의 관계도 물 흐르는 듯한 관계가 가장 편하고 오래 간다. 자신의 욕심을 채우기 위해 어떠한 억지가 부여될 때 그 관계는 비뚤어지기 시작하게 된다. 서로가 편하고 서로가 부담이 없는 순수한 관계라야 좋은 관계로 유지될 수 있다. 상대가 원하지 않는데 자신의 탐욕을 채우기 위해 억지를 부린다면 그것은 결국 어느 순간 파국을 맞이하게 된다.

정치도 마찬가지가 아닐까? 권력을 가지고 있는 위정자가 자신의 욕심과 이상을 위해 백성과 국가를 자연스러운 방향으로 이끌지 못할 때 어려움이 생긴다. 권력을 가진 자의 뜻을 이루기 위해 온갖 규제와 제도를 만들어낸다면 그로 인한 부작용이 오히려 더 클 수도 있다. 권력 집단은 모든 백성의 극히 일부분일 뿐이다. 그 일부분의 능력이 아무리 뛰어나나 할지라도 모든 백성의 창의력을 뛰어넘지는 못한다.

도덕경 37장이 바로 이를 말하고 있다.

道常無爲 而無不爲.
侯王若能守之, 萬物將自化.
化而欲作, 吾將鎭之以無名之樸.
無名之樸, 夫亦將無欲.
不欲以靜, 天下將自定.

도는 늘 함이 없으면서도
하지 아니함이 없다.
제후와 왕이 도의 원칙에 따라 다스린다면,
만물은 장차 저절로 교화될 것이다.
교화되는 중에도 욕심이 일어나면,
나는 이를 도로써 진정시킬 것이다.
도로써 진정시킨다면
백성의 탐욕은 사라진다.
만물에 탐욕의 사라지면,
천하는 장차 저절로 안정될 것이다.

　자연은 아무것도 하지 않는 듯 보여도 그 모든 것을 하고 있다. 지구의 반지름은 6,370km 정도 된다. 이 정도의 반지름에 해당하는 지구의 질량은 상상을 초월할 정도로 무겁다. kg으로 표현하면 6을 쓴 다음에 0이 24개 있어야 하는 정도의 무게다. 이 엄청난 크기와 질량을 가지고 지구는 태양을 중심으로 계속 돌고 있다.
　태양으로부터 지구까지의 거리는 약 1억 5,000만km이다. 지구는 태양을 중심으로 하는 거의 원에 가까운 운동을 하기에 지구가 일 년에 움직이는 거리는 태양을 중심으로 하는 원둘레에 해당하기에 반지름인 1

억 5,000만km에 6.28을 곱하면 된다. 이 거리를 365일로 나누면 지구의 평균 속력이 나온다. 결과만 얘기하면 지구는 1초에 약 30km를 간다. 시속이 아닌 초속이다. 1초라는 순 깜짝할 순간에 지구는 30km가 가는 것이다. 이를 시속으로 환산하면 1시간은 3,600초이기에 단순히 30km에 3,600을 곱하면 된다. 따라서 지구의 시속은 약 108,000km 정도 되는 것이다.

우리는 지구 위에 살고 있으니 지구와 같은 속력으로 지금도 움직이고 있다. 시속 100km를 달리고 있는 자동차에 탄 사람은 자동차와 같은 속력으로 가고 있는 것과 마찬가지로 우리는 지금 태양계라는 공간에서 지구와 같은 속력인 시속 108,000km로 운동하고 있는 것이다. 이 속력의 빠르기는 어느 정도일까? 전쟁에서 사용되는 전투기는 대략 마하 1 정도이다. 물론 최신예 전투기는 그보다 더 빠른 것도 있다.

마하 1의 빠르기만 계산해 보자. 소리의 속도를 마하라고 한다. 소리는 1초에 약 340m를 진행하니 여기서 3,600을 곱하면 된다. 즉 마하 1은 시속 약 1,200km 정도 된다. 한국에서 미국으로 가는 민간 항공기의 최대 속력은 1,000km를 넘지 못한다. 미국에서 한국으로 오는 경우는 지구 자전의 반대 방향으로 오기 때문에 그보다 훨씬 느리다.

마하 1의 그 빠른 전투기보다 우리는 약 100배에 가까운 속력으로 지구와 함께 지금도 태양 주위를 운동하고 있다. 이렇게 커다랗고 무거운 지구가 그렇게 빠른 속력으로 지난 약 47억 년 동안 움직이고 있었다. 어떤 힘이 지구에 작용하고 있기에 이것이 가능한 것일까?

그것이 자연이다. 자연의 위대함을 느끼지 못한다면 나는 더 이상 할 말이 없지만, 아무튼 이것이 팩트다. 자연은 아무것도 하고 있지 않는 듯하지만 모든 것을 하고 있다. 이러한 자연을 따르자는 주장을 노자가 하고 있는 것이다. 이를 우리의 인간 관계과 우리 사회, 그리고 정치에 적용하면 상상할 수 없는 것도 가능하다는 것이 노자의 주장이다.

우리의 삶도 이러한 자연의 뜻을 따르고자 한다면 더 바랄 것이 없지 않을까? 노자가 이야기하고 있는 도(道)는 별것이 아니다. 그것은 자연의 원리 즉 자연이 가고 있는 길인 것에 불과하다. 하지만 그 길은 쉽고도 어려운 길임을 부정할 수는 없다. 왜냐하면 우리 인간의 욕심이 그 위대한 자연만큼이나 크기에 그렇다.

어떤 것을 취할 것인가?

내가 상대하는 사람을 있는 그대로 본다는 것은 쉬운 일이 아니다. 우리가 다른 사람과 인간관계를 할 때 대부분의 경우 그가 나한테 도움이 되는지 안 되는지, 나에게 좋을지 안 좋을지를 먼저 따지게 된다. 즉 나의 이익에 부합하면 그를 좋아하고 그렇지 않으면 가까이하려는 마음이 줄어든다.

즉, 내가 상대하는 사람은 나의 목적과 이익에 부합하면 그의 존재를 인정하는 것이다. 그 사람 자체로서 있는 그대로 받아들이는 경우는 드물다. 하지만 인간이 이러한 목적과 의도를 가지고 관계를 하다 보면 그로부터 오는 많은 문제 또한 발생하게 된다. 처음부터 자연스럽고 순수한 마음이 아니었기에 관계가 조금 틀어지면 문제가 심각하게 되는 것이다.

인간관계뿐만 아니라 모든 것이 다 그렇다. 목적에 의해 어떤 존재를 인식하다 보면 그 존재의 진정한 가치를 잃어버릴 수 있다. 있는 그대로의 사물 그 자체를 받아들임이 가장 순수하고 자연스러운 것이다.

도덕경 38장은

上德不德, 是以有德.
下德不失德, 是以無德.
上德無爲而無以爲,
下德爲之而有以爲.
上人爲之而有以爲.

上義爲之而有以爲,
上禮爲之而莫之應, 則攘臂而扔之,
故失道而後德, 失德而後仁,
失仁而後義, 失義而後禮.
夫禮者, 忠信之薄, 而亂之首.
前識者, 道之華而愚之始.
是以大丈夫處其厚, 不居其薄,
處其實, 不居其華,
故去彼取此.

상덕은 덕이라 하지 않는지라.
그러므로 덕이 있으며,
하덕은 덕을 잃지 않으려 하는지라 덕이 없다.
상덕은 무위이므로 작위가 없으며
하덕은 유위이므로 작위가 있다.
상인은 유위이지만 그러나 작위가 없으며,
상의는 함이 있으며 그러므로 작위가 있다.
상례는 함이 있을 뿐만 아니라
이에 응함이 없으면 곧 팔을 휘두르면서 복속시킨다.
그러므로 도를 잃은 후에 덕을 얻고,
덕을 잃은 후에 인이 있고,
인을 잃은 후에 의가 있고,
의를 잃은 후에 예가 있다.
대저 예란 것은 신뢰의 엷음이며 분란의 시작이다.
시대를 앞서간다는 것은 도의 열매를 허황된 꽃이며
어리석음의 시초이다.
그런 관계로 큰 덕의 사람은

그 중후한 곳에 처하며 그 천박한 곳에 처하지 않으며,

그 열매에 처하며 그 꽃에 처하지 아니한다.

그러므로 저것을 버리고 이것을 취한다.

하덕은 인위적인 것을 추구함을 말한다. 즉 목적과 이익을 따진다는 것이다. 상덕은 이와 달리 인위적이지 않다. 순수하고 자연스러워 문제 될 것이 없다. 인위적일 경우 진실에서 멀어질 수밖에 없다. 이익과 목표를 추구하기 때문이다. 그 목적을 달성하기 위해 거짓을 말하고 사실을 숨기는 것이다. 결국 이러한 것이 나중에 오히려 더 커다란 문제로 회귀할 뿐이다.

더 나아가 자신의 의도를 관철시키고자 강요를 하기까지에 이른다. 진실을 은폐하고 거짓으로 바꾸어 버리며, 없는 것도 있는 것처럼 꾸미고, 자신의 목적을 위해 모든 것을 다 뒤집어 버린다. 그로 인해 돌아올 수 없는 구렁텅이로 빠지게 되어 더 이상 돌이킬 수가 없게 된다.

나중에 자신의 선택이 틀렸음을 인식하고도 멈추지도 못하고 계속 그 방향으로만 가게 되어 결국 파멸에 이르기도 한다. 만약 자신이 이제까지 해 온 것을 번복한다면 그동안 자신의 존재 자체가 부정되기 때문이다. 그럼에도 불구하고 이를 원위치로 돌릴 용기가 필요하지만, 그것이 결코 쉽지 않다.

하지만 어느 순간일지라도 자신이 잘못된 길을 갔다면 그 순간 바로 그 길을 버리고 다른 길로 가야 한다. 그것이 진정한 도라 할 수 있다.

나와 너

진정한 인간관계란 무엇일까? 나는 내 주위에 있는 사람들과 어떤 관계를 맺고 있는가? 다른 존재를 통해 내가 있고, 나를 통해 다른 존재가 있는 것은 아닐까? 그를 위해 가장 필요한 것은 무엇일까?

인생은 어쩌면 만남의 연속일지 모른다. 그러한 만남이 어떤 경우에 가장 의미가 있는 것일까? 홀로 존재할 수 있지만, 어쩌면 그것이 더 편할지도 모르지만, 우리가 살아감에 있어 만남이 없다는 것은 상상하기 힘든 일이다.

마르틴 부버는 〈나와 너〉라는 책에서 다음과 같이 말한다. "너와 나는 오직 온 존재를 기울여서만 만날 수 있다. 온 존재에로 모아지고 녹아지는 것은 결코 나의 힘으로 되는 것은 아니다. 그러나 나 없이는 결코 이루어질 수 없다. 나는 너로 인해 나가 된다. 나가 되면서 나는 너라고 말한다. 모든 참된 삶은 만남이다."

온 존재라는 것은 무엇일까? 만남을 조건으로 생각하지 않음이다. 관계를 수단으로 인식하지 않음이다. 진정한 존재의 받아들임이다. 있는 그대로의 인정이다. 너로서의 내가, 나로서의 네가 있음이다. 거기에 참된 인간관계가 가능하다. 상대를 단지 대상으로 인식한다면 참된 만남은 불가능하다. 나를 위해 네가 존재하는 것이 아니다. 너를 위해 내가 존재하는 것도 아니다. 서로를 위해 서로가 존재하는 것도 아니다. 위함은 존재의 필요조건이 아니다. 존재는 그냥 있음을 받아들임으로 충분하다.

도덕경 39장은

治人事天莫若嗇, 夫唯嗇,
是以早服, 早服,
謂之重積德, 重積德,
則無 不克, 無不克,
則莫知其極, 莫知其極,
可以有國, 有國之母,
可以長久, 是謂 深根固,
長生久視之道.

사람을 다스리고 하늘을 섬기는 데는 아낌만한 것이 없다.
오직 아낄 뿐이니, 그러면 일찌감치 도에 따르게 된다.
일찌감치 도에 따르면 덕이 많이 쌓이고
덕이 많이 쌓이면 못 하는 일이 없으며
못 하는 것이 없으면 그 한계를 알지 못하며,
그 한계를 알지 못하면 나라를 보유할 수 있다.
나라를 보유할 수 있는 근본을 지니면 오래갈 수 있으니
이런 것으로 뿌리를 깊게 하고 바탕을 튼튼히 하여
오랫동안 유지하는 것을 도라고 한다.

노자는 아껴주는 것을 온 존재로 인식했다. 아낌이 도에 이르는 길임을
알았다. 그로 인해 한계를 넓혀 나갈 수 있고, 가능성에 영역을 키워갈
수 있음을 노자는 얘기한다. 하지만 대부분의 경우 그렇지 못한다. 나부
터도 그것을 못 했다. 가장 가까운 사람, 내 주위에 있는 사람에게 그것
을 못 했다. 중요하지 않은 것, 나와 그리 가까이에 있지 않은 것을 오히
려 더 아꼈다. 가까이 있는 것은 항상 나와 함께 있을 것이라는 착각에서
였다. 너가 없으니 내가 없고, 내가 없으니 너가 없게 되었다. 이제는 다
시 나와 너의 온 존재를 생각해야 한다.

가요 중에 "저 별은 나의 별"이라는 노래가 있다.

저 별은 나의 별
저 별은 너의 별
별빛에 물들은
밤같이 까만 눈동자
저 별은 나의 별
저 별은 너의 별
아침이슬 내릴 때까지

너와 내가 온 존재가 될 때 밤하늘의 별이 된다. 너라는 나, 나라는 너가
존재할 때 빛나는 별이 된다. 그 별은 내 가슴에서 빛나게 될 것이다.

다수의 결정이 옳지 않을 수도

 우리는 어릴 때부터 다수결에 너무 익숙해져 있다. 다수결은 단지 의견일 뿐이다. 그것이 정답으로 항상 증명된 것이 아니다. 많은 사람들의 의견이라 할지라도 옳지 않은 것은 분명히 존재한다. 그럼에도 불구하고 그것에 대해 아무 생각 없이 받아들이고 다른 의견을 용기 있게 제시하지 못하는 경우도 많다. 진리는 항상 많은 사람의 의견과 같지 않을 수도 있다.

 오히려 많은 사람들이 생각하는 것과 반대로 하는 것이 옳은 경우가 있다. 그런 반대의 길로 선뜻 가지 못하는 이유는 자신에 대한 확신이 없기 때문이다. 주위에서 어떤 이야기를 조금만 하면 자신 나름대로의 검증 없이 그 의견을 따라가는 것이 물론 좋을 경우도 있지만 그렇지 않을 경우도 있다. 중요한 것은 자기 나름대로의 주관이다. 주관이 확실치 않은 경우에 다른 사람의 의견을 정확히 생각하지 않고 따르는 것은 자신의 인생을 다른 사람의 손에 맡기는 것과 마찬가지이다. 자신의 확고한 판단이 있는 사람은 다른 사람의 의견에 종속되지 않는다.

도덕경 40장은

反者, 道之動,
弱者, 道之用.
天下萬物生於有,
有生於無.

반대로 돌아가는 것이
도의 움직임이고,
유약하다는 것은 도의 작용이니,
천하 만물은 모두 유에서 생겨난다.
그러나 유는 무에서 생겨난다.

   세상이 항상 이성적으로나 논리적으로 옳지 않은 경우도 있기 마련이다. 예외 없는 법칙은 존재하지 않는다. 많은 사람들이 하는 것이라 해서 굳이 따라가야 할 필요도 없다. 나의 확고한 주관이 나의 삶을 결정할 수 있도록 하는 것이 최선이 아닐까 싶다.

   다른 사람에 의해 나의 인생이 좌지우지되는 그런 종속적인 삶은 나에게 있어 도움이 되지 않는다. 나의 삶은 내가 처음부터 끝까지 책임지고 살아가야 한다. 아무리 다수결의 의견이라 할지라도 내 나름대로의 판단이 없는 한 그 다수결은 나와 아무 상관이 없는 것이다.

   많은 사람이 가는 길 끝에 모든 것이 보장되어 있는 것이 아니다. 오히려 다른 사람이 가는 것과 반대로 가는 것이 나의 삶에 더 유익한 것이라고 판단이 들면 과감하게 용기를 가지고 그 반대의 길을 가야 한다. 그래야 최소한 나의 인생에 대해 내가 책임을 질 수 있고, 후회하지 않을 수 있다. 반대의 길을 가는 것을 결코 두려워하라 필요도 없고 걱정할 것도 없다. 그것이 내가 가야 할 길이라는 확신만 있다면 그냥 마음을 내려놓고 편하게 가는 것이 나의 인생에 있어 후회가 없을 것이기에 용기를 내야 한다.

귀를 씻고 듣는 사람

옛말에 "현명한 사람은 남의 조언에서 배우고, 평범한 사람은 자신의 경험에서 배운다"는 말이 있다. 자신이 알고 있는 것을 다 내려놓고, 편견과 선입견 없이 다른 사람이 하는 말이 마음 깊이 새겨 듣는 경우에 흔히 "귀를 씻고 듣는다"는 표현을 쓴다. 말하는 사람의 의중을 정확히 알고자 함을 강조한 말이다.

우리는 흔히 다른 사람의 말을 들을지언정 그 말이 우리 삶에 있어 정말 중요한 것일지라도 쉽게 그것을 나의 것으로 받아들여 행하는 경우는 사실 드물다. 그만큼 자신의 에고가 이미 워낙 커서 아무리 진리라 할지라도 잘 받아들이지를 않는다. 이러한 것이 어쩌면 자신의 내면의 성장에 있어서 커다란 장애가 될 수 있다.

내 인생의 귀감이 되는 좋은 말이라 할지라도 그냥 한 귀로 듣고 흘려버리는 경우가 흔하다. 진정으로 현명한 자는 그러한 것을 단순히 흘려듣는 것이 아니라 새겨들어 깊이 생각하고 자신의 생각과 비교하여 받아들일 것은 과감히 받아들여 행동으로 옮길 것이다.

도덕경 41장은

上士聞道, 勤而行之,
中士聞道, 若存若亡,
下士聞道, 大笑之,
不笑 不足以爲道,
故建言有之,

明道若昧, 進道若退,
夷道若纇, 上德若谷,
大白若辱, 廣德若不足,
建德若偷, 質眞若渝,
大方無隅, 大器晚成,
大音希聲, 大象無形,
道隱無名,
夫唯道, 善貸且成.

훌륭한 사람은 도를 들으면 힘써 이를 행하고,
중간 정도 사람은 도를 들으면 반신반의하고,
밑에 사람은 도를 들으면 크게 웃는다.
밑에 사람이 웃지 않는 것은 족히 도라고 할 것이 못 된다.
예부터 전해오는 말이 있는데,
밝은 도는 어두운 것 같고,
전진하는 길은 물러가는 것 같고,
평탄한 길은 울퉁불퉁한 것 같으며,
윗덕은 골짜기 같고,
가장 결백한 것은 오욕처럼 보이고,
광대한 덕은 부족한 것 같으며,
확립된 덕은 임시변통 같고,
질박한 덕은 엉성한 것 같으며,
크게 모난 것은 모서리가 없고,
큰 그릇은 이루어지지 않고,
큰 소리는 소리가 없고,
큰 형상을 가진 자는 아무 형태가 없다.
도는 숨겨져 무어라 이름 붙일 수 없다.

대저 도는 아낌없이 베풀고 또 만물을 성취시킨다.

　어떠한 가르침을 제대로 듣는 사람은 자신의 귀를 열어놓고 온전히 마음으로 받아들인다. 이로 인해 자연히 실천으로 옮겨질 수밖에 없다. 자신이 가지고 있는 편견이나 선입견 없이 다른 사람의 좋은 말을 온전히 받아들이는 것은 자신의 발전에 있어 진정으로 중요하다. 아무리 좋은 도를 듣는다 해도 자신의 주관을 고집한다면 그 도는 마음에 크게 와닿지 않을 수 밖에 없다. 결국 행동으로 옮기지 못한다.

　하지만 이러한 도를 우리가 듣고 행하더라도 우리 자신을 완전한 모습으로 형성해 나가는 것은 어려울 수 밖에 없다. 그만큼 삶의 진리는 시간에 따라 변하며 우리 자신도 변해 가기 때문이다. 완성이란 불가능하며 됨의 과정에 우리는 만족해야 한다.

　비록 우리의 완벽한 모습을 이루어 가는 것이 쉬운 것은 아니겠지만, 귀를 씻고 들으며 그 들은 바를 열심히 행하는 과정이 우리 삶의 궁극적 목표가 되어야 하지 않을까 싶다.

받아들임

우리들은 살아가면서 항상 좋은 일만 생기는 것은 아니다. 홀로 있기 싫지만 그럴 수밖에 없는 경우도 생기고, 원하지 않더라도 부족하게 생활해야 하는 경우도 생긴다. 평탄한 일만 일어나기를 원하지만 삶은 만만치 않아서 생각지도 않은 일들이 나에게 닥치기도 한다.

만물에는 양면성이 있다. 양지가 있으면 음지가 있기 마련이고, 오르막이 있으며 내리막도 당연히 존재할 수밖에 없다. 어둠이 있기에 밝음이 있기 마련이다. 만약 우리가 어두움을 모른다면 밝음을 알 수가 없다.

비가 올 때도 있고, 햇살이 쨍쨍 내리 비출 때도 있고, 바람이 불 때도 있고, 바람이 잠잠할 때도 있다. 따스한 봄이 되면 나무에 새잎이 돋아 여름에 이르러 푸르름이 더해지고 가을이 되면 그 푸른 빛이 서서히 변해 어여쁜 단풍이 되고 찬 바람이 불기 시작하면 그 아름답던 단풍도 떨어지기 마련이다.

내가 바라던 대로, 계획한 대로 그러한 삶을 살아가는 사람은 지구상에 단언컨대 한 명도 없다. 예상하지 못했던 커다란 일들이 나에게 일어나면 우리는 그것을 어쨌든 감당해야 한다.

중요한 것은 과감하게 모든 것을 받아들이는 것이다. 내가 원했건 원하지 않았건, 예상을 했건 안 했건 그런 것이 중요한 것은 아니다. 내가 얼마나 나에게 일어나는 일들을 스스로 다 받아들이느냐가 그의 삶의 길을 결정할 수 있다.

아픔은 아픔대로, 슬픔은 슬픔대로, 기쁨은 기쁨대로, 그저 그렇게 받아들이는 능력이 삶의 크기와 무게를 결정할 수 있다. 나의 삶에 있어서 어떤 것이 덜어내 졌다면, 언젠가는 그만큼 또 채워지기 마련이다. 기다리고 버티다 보면 그 이전의 모습보다 훨씬 더 나은 미래가 언젠가 찾아온다. 시간이라는 것의 누적은 예외가 없다. 어떻게 그러한 시간들을 누적해 갈지는 그 사람의 몫이다.

도덕경 42장은

道生一,
一生二,
二生三,
三生萬物.
萬物負陰而抱陽,
沖氣以爲和.
人之所惡, 唯孤, 寡, 不穀,
而王公以爲稱.
故物或損之而益,
或益之而損.
人之所教, 我亦教之.
强梁者不得其死,
吾將以爲教父.

도는 하나를 낳고,
하나는 둘을 낳고,
둘은 셋을 낳고,
셋은 만물을 낳으니,
만물은 음을 포함하고 양을 안고 있다.
혼연히 하나로 풀려 화합한다.
사람들이 미워하는 바는 오직 고독과 부족과 불곡인데,

왕공은 이것으로 자기를 부른다.
그러므로 사물의 이치는 덜어내면 보태지고,
보태면 덜어지는 것이다.
사람들이 가르치는 바를 나 또한 가르치려 하는데,
모든 강폭한 자는 제명에 죽지를 못하니,
나는 이것으로써
모든 가르침의 근본을 삼으리라.

  삶의 우여곡절을 저항하기보다는 받아들임이 현명하다. 저항하다 보면 자신을 잃게 되어 스스로 강폭하게 될 뿐이다. 그러한 강폭해짐은 스스로를 예민하게 만들며 인생이라는 삶의 진실을 부정하게 만들 수 있다. 그러한 부정은 끝내 삶의 긍정의 길을 벗어나 스스로를 더욱 힘들게 만든다.
  오르막이 있으면 내리막이 있고, 어두움이 있으면 밝음이 있으니 나에게 일어나는 모든 일을 그저 담담하게 받아들이고 어떤 것에 연연해하지 않음이 내가 저 하늘 위로 날아오를 수 있는 가장 중요한 수단이 될 수 있으리라. 그 하늘 위엔 내가 바라던 것 이상의 그 무엇이 나를 위해 기다리고 있을 것이니, 시간과 함께 나는 그저 나의 길을 받아들임으로 족할 뿐이다.

부드러움

부드러움은 유연함이다. 우리가 생각할 때 유연하게 한다고 하는 것은 나의 고정된 관념을 탈피하고 모든 가능성을 염두에 둔다는 것을 말한다. 유연하지 못한 생각은 독선이 될 수 있고 아집이 될 수도 있다.

자신이 가장 발전할 수 있는 방법 중의 하나는 사고의 세계를 넓히는 것이다. 그것은 어떤 고정된 인식이나 사고체계에 얽매여서는 안 된다. 자신이 생각하고 있는 것이 옳다고 고집을 피우는 순간 그 자신의 발전은 더 이상 없다. 거기에 더하여 자신의 생각을 수단 방법을 가리지 않고 관철시키고자 하는 태도는 어쩌면 자신뿐만 아니라 상대방 모두에게 커다란 해가 될 수도 있다.

도덕경 43장은

天下之至柔,
馳騁天下之至堅.
無有入無閒.
吾是以知無爲之有益.
不言之敎,
無爲之益,
天下希及之.

하늘 아래 가장 부드러운 것이
가장 단단한 것을 앞세우고 제어한다.

사이가 없는 곳에도
아니 들어감이 없다
나는 이로써
무위가 유익함을 안다.
말하지 아니하는 가르침
함이 없음의 이로움
하늘 아래 누가
이에 미칠 수가 있을까

무위란 아무것도 하지 않음이 아니라 인위적으로 그리고 억지로 자연의 순리가 아닌 방식으로 함을 말한다. 물이 그저 그냥 흘러가는 모습이 무위라 할 것이다. 여기서 물이 흘러가는 방향이나 양을 바꾸어 버리면 어딘가에서 물은 고여 썩고 문제가 생기기 마련이다.

물이 썩지 않음은 부드러움 때문이다. 부드럽기에 어디든 갈 수 있다. 그로 인해 계속된 흐름이 생기고 거기에 생명의 원천이 있는 것이다. 인위적으로 무언가를 하려 할 때 문제가 생기지 않을 수 없다. 누군가를 수많은 말로 가르치고 강요하기보다 스스로 모범을 보이는 것이 가장 좋은 가르침이라 할 수 있다.

똑똑하고 강해 보이는 자가 앞으로 나아갈 것 같아도 언젠가는 무슨 일을 만나 부러질 수밖에 없다. 부러지면 더 이상 앞으로 나아가기 힘들다. 모든 것과 화합하여 함께 나가기 위해서는 강함보다는 유연함이 최선이다. 다른 사람들이 단단하며 강함을 선호한다고 해서 그 길을 따라갈 필요는 없다. 스스로 유연해지고 부드러워지려 노력하는 것이 쉽지는 않지만 이를 위해 나름대로의 노력이 진정한 자아의 더 나은 모습으로 될 수 있는 것이 아닐까?

오늘 행복해야

같이 밥을 먹을 수 있는 사람만 있어도 행복한 것 같다. 점심을 먹으러 가려는데 막상 같이 갈 사람이 없어서 혼자 가서 점심을 먹는 경우가 많은데 왠지 재미가 없다. 물론 혼자서 무언가를 하는 것도 행복하다. 나 같은 경우는 혼자 아무런 방해도 받지 않고 책을 읽거나 논문을 읽는 경우 소소한 행복을 느낀다.

나는 참 바보였던 것 같다. 예전에는 인생에서 커다란 목표를 세우고 그 것을 성취하면 행복한 줄 알았다. 사람의 욕심이라는 것이 끝이 없어서 어떤 것을 이루고 나면 또 다른 목표를 세우게 되고 그것을 위해 또한 끝 없이 노력을 한다. 그러면서 소중한 시간들이 다 지나고 만다. 내가 그랬다. 물론 노력하여 얻는 것도 잊지만 그동안의 시간은 그 목표만을 위해 행복을 잊고 살았다. 노력하여 이룬 것도 있지만, 이루지 못하는 것이 훨씬 많다. 그러다 시간이 다 지나버리고 진작 행복을 위해 많은 것을 바쳤는데 돌아오는 것이 지나간 세월뿐이다.

인생은 자신이 세운 목표에 의해 결정되는 것은 아니다. 사람에게 주어진 이성이 어쩌면 사람에게 가장 큰 짐이 되는지도 모른다. 길가의 풀 한 포기, 개미나 달팽이는 행복이라는 것도 모르지만 사는 데 아무런 지장이 없다. 하지만 인간은 행복을 위해 평생 노력하다가 자신이 세운 목표를 달성하지 못하거나, 자신이 초라함을 느끼면, 스스로 목숨을 끊기도 한다. 개미나 달팽이 같은 경우 자살은 안 한다. 행복도 모른다. 하지만 잘 산다.

우리는 너무 많은 인생의 짐을 지고 살아가는 것 같다. 스스로 자진하여 짐을 짊어지기도 한다. 그러다 그 짐에 눌려 스스로 붕괴한다. 본인이 짊어지고 싶은 짐에 의해 스스로가 몰락한다.

나는 이제 짐을 하나씩 내려놓을 생각이다. 너무 무겁다. 내려놓아도 내 인생이 어떻게 되는 것도 아니다. 나 없어도 세상은 다 잘 돌아간다.

커다란 목표도 이제는 내려놓을 생각이다. 목표를 성취하는 것은 좋지만 그때뿐이다. 한순간이다. 며칠 지나면 그 느낌도 사라진다. 박사학위를 받았을 때 너무 기쁘고 행복했다. 하지만 며칠 지나고 났더니 평상시하고 달라진 것이 없었다. 그냥 학위는 종이에 불과할지도 모른다.

이제 오늘 행복하기 위해 노력하려 한다. 행복도 연습이 필요한 것 같다. 똑같은 것이 주어졌을 때 어떤 사람은 행복을 느끼지만, 어떤 사람은 그렇지 못하는 경우도 많다. 나는 이제 매일 행복을 느끼는 연습을 하기로 했다.

생각해 보면 행복할 수 있는 것이 너무나 많다. 우선, 내가 살아있으니 행복하다. 내가 만약 살아있지 못하다면 행복조차 느끼지 못할 것이 아니겠는가? 살아있다는 것은 어쩌면 기적일지도 모른다. 내가 죽고 나면 나는 영원히 이 세상에 돌아올 수가 없다.

도덕경 44장은

名與身孰親, 身與貨孰多,
得與亡孰病, 是故甚愛必大費,
多藏必厚亡, 知足不辱,
知止不殆, 可以長久.

명성과 생명은 어느 것이 더 절실하고,
생명과 재화는 어느 쪽이 더 소중하고,
얻음과 잃음은 어는 것이 더 걱정일까.
그러므로 심히 애착하면 반드시 크게 소모하고,

재화를 많이 간직하면 반드시 엄청나게 잃는다.
욕망을 눌러 스스로 만족함을 알면 욕되지 않고,
분수를 지켜 자기 능력의 한계에 머무를 줄 알면,
위태롭지 않아 언제까지나 편안할 수 있다.

　자족함을 아는 것이 어쩌면 행복에 이르는 것일지도 모른다. 오늘 내가
살아있다는 것만 해도 나는 만족할 수 있다면 더 무엇을 바라겠는가? 나
의 능력에 허락되는 것만 하고 나의 한계를 인정한다면 힘든 일이나 고
통이 그리 많지는 않을 것이다. 그러기에 내가 어떠한 일을 감당할 수 있
을지 내 자신을 객관적으로 바라볼 수 있어야 할 것 같다. 괜히 할 수도
없는 것에 욕심을 부리다 더 큰 불행을 불러올 수 있기 때문이다.
　이제는 오늘 지금 여기에서 행복을 누리려 한다. 내일은 생각하지 않으
려 한다. 오늘 행복한 것으로 만족하려 한다. 나의 능력은 오늘 할 수 있
는 것만 하면 되지 않을까? 나는 오늘 행복한 하루를 보내기 위해 존재
하는 것이 아닐까 싶다.

참된 모습

우리는 어떤 사람이나 사물의 진정한 모습을 보는 데 있어 선입견이나 편견으로 인해 잘못하는 경우가 너무나 많다. 위대한 인물이 모자란 듯 보이거나 말을 잘하지 못해 심지어 더듬거리는 경우도 상당히 흔하다.

대표적인 예가 인류 역사상 가장 위대한 과학자인 아인슈타인이다. 그는 옷을 화려하게 입거나 멋진 모습으로 다른 사람들 앞에 나타나지 않고 있는 그대로 정말 수수한 차림으로 다니곤 했다. 그는 또한 말주변이 거의 없었으며, 목소리가 또렷하지도 않았을 뿐만 아니라 어떤 경우엔 더듬기 조차했다.

그는 유대인이었기 때문에 히틀러가 정권을 잡자 독일에서 미국으로 망명을 한다. 미국 뉴저지주의 프린스턴 대학에서 교수로 자리를 잡고 미국 생활을 시작했다. 당연히 프린스턴 대학에서 처음에 강의를 했으나, 그의 강의를 제대로 알아듣는 학생이 거의 없었다. 영어도 서투른데다가 발음은 거의 미국 사람들이 알아듣기 힘들 정도였다. 또한 강의를 할 때 웅얼울얼 거리며 혼잣소리로 하는 스타일이어서 학생들은 그의 수업 내용을 거의 이해할 수 없었다고 한다.

훌륭한 학교는 남다른 것이 있었다. 프린스턴 대학은 아인슈타인에게 더 이상의 강의 부담을 주지 않았다. 평생 강의를 하지 않아도 좋으니 그냥 연구만 하라고 아인슈타인에게 혜택을 주었다. 다른 학교 같았으면 형평성에 어긋난다는 것으로 문제가 될 수 있었지만, 프린스턴 대학 당국이나 그 어떤 교수나 학생들도 이를 가지고 문제 삼지 않았다. 아인슈타인이 프린스턴 대학에서 20년 가까이 있었지만, 학생들을 가르친 건 딱 1년이었다. 그 어떤 교육이나 행정에 대한 의무도 없이 그는 오직 연구에만 몰두할 수 있었다. 프린스턴 대학이 아인슈타인의 진정한 가치를 알아보았기 때문에 가능한 일이었다.

도덕경 45장은

大成若缺, 其用不弊,
大盈若沖, 其用不窮.
大直若屈,
大巧若拙,
大辯若訥,
躁勝寒, 靜勝熱,
淸靜爲天下正.

크게 이루어진 것은 모자란 듯이 보여도
그 활용은 다함이 없고,
가장 충만한 것은 도리어 빈 듯하나
그 활용은 역시 다함이 없다.
매우 곧은 것은 도리어 굽은 것 같고,
매우 교묘한 것은 도리어 서투른 것 같고,
뛰어난 웅변가는 도리어 더듬는 것 같다.
빨리 움직임으로 추위를 이기고
고요히 지냄으로 더위를 이긴다.
자연의 맑고 고요함이 천하의 정도가 된다.

우리는 살아가면서 겉모습만 가지고 판단하는 것을 자제해야 한다. 어떤 사람이나 사물의 진정한 모습은 겉으로 다 드러나지 않는다. 진정한 가치는 겉모습이 아닌 내면의 모습이다. 겉으로는 작은 듯 보여도 굉장히 큰 사람은 진정으로 내면이 훌륭한 사람이다.

요즘엔 말을 잘하는 사람이 똑똑해 보이고 대우를 많이 받는다. 하지만 자신의 말과 행동과 내면이 일치하는 사람은 찾아보기 힘들다. 말을 잘한다거나 겉모습이 화려해 보인다고 해서 전부가 아니다. 우리는 진정한 모습을 알아볼 수 있는 눈을 가지고 그러한 가치에 더 많은 의미를 두려고 노력해야 할 필요가 있다. 우리 자신 또한 스스로를 겉모습으로 꾸미려 하지 말고 나의 내면의 힘과 지혜를 더 갖출 수 있도록 노력을 할 필요가 있다.

족함을 알아야

　우리의 욕망은 끝이 없는 것인지도 모른다. 자신이 목표한 것을 이루면 더 커다란 목표를 위해 쉬지 않고 달음질만 할 뿐이다. 하나의 욕망은 또 다른 욕망을 낳아 인간은 욕망에 얽매여 진정한 자신을 잃어버리게 된다.

　욕망은 인간에게서 나왔지만, 이제는 욕망이 주인이 되어 인간은 그 욕망의 노예가 될 뿐이다. 그 욕망을 주체할 수 없어서 인간은 스스로 그 욕망의 하수인이 되고 마는 것이다.

　인류의 역사에서 전쟁은 끊이지 않았다. 조그만 땅덩어리를 더 차지하기 위해 전쟁을 일으켜 서로를 죽이고 자신도 죽임을 당했다. 전쟁에 대한 욕망은 인간 삶의 모든 것을 무너뜨리고 정상적인 인간다운 삶도 불가능하게 만들었다. 어떻게 보면 아무것도 아닌 것을 인간의 헛된 욕망에 의해 그러한 비참한 역사는 반복될 수 밖에 없었다.

도덕경 46장은

天下有道, 走馬以糞,
天下無道, 戎馬生於郊,
禍莫大於不知足,
咎莫大於欲得,
故知足之足常足矣.

천하에 도가 있으면

군령을 전하는 말을 민간에게 불하하여
논밭을 경작하게 하고,
천하에 도가 없으면
군마가 들판에서 새끼를 낳게 된다.
재앙은 만족함을 알지 못하는 것보다 더 큰 것이 없다.
그러므로 족한 것을 아는 것에 만족하면, 항상 만족하다.

　인간의 욕심은 사람의 식량을 위해 농사에 쓰여져야 할 말들마저 오직 전쟁터에서 사용하기만 할 뿐이었다. 사람들의 삶은 피폐해져가기만 할 뿐이었다.

　스스로 만족함을 아는 삶이 그리 어렵지는 않으나 이를 진실로 행하는 이는 드물다. 충분히 행복할 수 있는데도 불구하고 더 많은 것을 취하려는 인간의 욕망은 현재뿐만 아니라 미래마저 앗아가 버리고 만다.

　자신의 노력을 함으로써 어느 정도 이루었다면 거기서 만족함을 아는 것만큼 중요한 것은 없다. 삶은 누리기 위해 있는 것이지, 추구하기 위해 있는 것이 아니다. 미래는 현재를 담보로 하는 것일 뿐 확실하지 않다. 지금 있는 그 자리에서 삶에 대해 만족하며 감사하고 겸손함을 잃지 않아야 함이 가장 현명한 선택이라 생각된다.

마음의 눈

　세상의 돌아가는 것은 그다지 차이가 없다. 원리를 알면 대부분이 통하기 때문이다. 우리는 살아가면서 모든 것을 다 경험할 수도 없고, 모든 사람들을 다 만나볼 수도 없다.

　가장 중요한 것은 그 이치를 깨달아 아는 것이다. 그것이 가장 현명한 인생을 살아가는 것이 아닐까 싶다. 우리에게 주어진 시간은 굉장히 긴 것 같아도 실제로 살아보면 그 시간이 엄청나게 많이 주어진 것이 아니다. 태어나 10대를 지나 20대가 되어도 아직 세상을 거의 알지 못한다. 결혼을 하고 30대, 40대는 정신없이 살아갈 수밖에 없다. 그러다 보면 바로 50세가 되어 버리고 만다. 그렇게 시간은 지나고 우리는 삶도 잘 모른 채로 나이만 들어갈 수 있다.

도덕경 47장은

不出戶, 知天下,
不闚牖, 見天道.
其出彌遠, 其知彌少.
是以聖人不行而知,
不見而名,
不爲而成.

문을 나오지 않아도 천하를 알고,
들창으로 엿보지 않아도 천도를 본다.

나가는 거리가 멀수록 알게 되는 범위는 작아진다.
그러므로 무위 자연의 성인은 가지 않아도 알고,
보지 않아도 알고,
하노라 하지 않아도 이루어진다.

　한 번밖에 없는 인생인데 어떻게 사는 것이 현명한 것일까? 삶에 대해 알고, 사람에 대해 많이 알아야 하지 않을까? 하지만 잡다한 모든 것을 알 필요는 없다. 가장 중요하고 핵심적인 것을 깊이 파악한다면 그것으로 족하다.
　내가 누구인지를 정확하게 안다면 나의 삶이 의미가 있을 것이고, 인간이 무엇인지 정확히 알게 된다면 모든 사람들과의 관계에서 커다란 문제 없이 화목하고 건강하게 잘 지낼 수 있을 것이다. 삶이 무엇인지 정확히 알고 있다면, 우리 삶이 행복하고 즐거우며 보다 가치 있는 보람된 시간으로 채워진 그러한 삶을 살 수 있을 것이다.
　우리들의 마음의 눈이 떠질수록 그러한 것이 가능하지 않을까 싶다. 다른 무엇보다도 그러한 마음의 눈을 크게 뜰 수 있도록 최선의 노력을 다하는 것이 아무 지금 우리가 해야 할 가장 중요한 것이라 생각된다.

오컴의 면도날과 소확행

　　오컴은 14세기 영국의 논리학자이자 프란체스코 수사였다. 그는 "동일한 이론, 동일한 문제의 논증 과정 혹은 여러 가지 해석과 증명 과정에서 절차를 최소화하고 간결하게 증명하는 것이 제일 효과적이다." 라고 했다. 이를 '오컴의 면도날'이라고 한다. 즉, 가장 단순한 것이 진실일 가능성이 크다는 것이다.

　　예를 들어 어떤 학생이 일반물리학에서 'F'를 받았다면 그 이유가 무엇일까? 첫째, 그 학생은 물리학 공부를 많이 하지 않았다. 둘째, 수업 태도가 좋지 않아 이 학생을 교수가 싫어해서 일부러 낙제를 주었다. 무엇이 정답일까? 오컴의 면도날의 가정에 의하면 첫 번째가 답이다. 복잡하고 생각하기 힘든 것은 답이 될 확률이 그만큼 적다는 것이다.

　　이를 요즘의 생활에 응용해 보면, 흔히 많이 얘기하는 소소하고 확실한 행복, 즉 '소확행'도 어찌보면 오컴의 면도날과 비슷한 것일지 모른다. 하지만 이것은 그리 쉽지 않다. 많은 것을 포기해야 하기 때문이다.

　　우리는 살아가면서 많은 것을 얻으려 한다. 돈도 많이 벌고, 집도 좋은 집을 구하려 하고, 자녀들도 잘 키우려 하고, 여행도 많이 하려 하고, 좋은 차를 사려고 한다. 그렇기 위해 우리는 정말 많이 바쁘게 일하고 힘들게 생활해 나간다. 그렇게 목표를 이루고 나니 세월이 다 지나 행복을 느낄 시간마저 부족해 지는 것이다. 많은 것을 얻으려다 더 중요한 것을 잃게 될 수 있다는 것이다.

　　도덕경 48장에는 다음과 같은 구절이 있다.

爲學日益, 爲道日損.
損之又損, 以至於無爲.
無爲而無不爲.
取天下常以無事.
及其有事, 不足以取天下.

학문을 하면 지식이 날로 늘어가지만,
도를 닦으면 갖고 있는 것이 날로 줄어든다.
줄고 줄어 무위에 이르는데,
무위의 경지에 이르면 모든 것을 성취한다.
천하를 취하려면 항상 무사하게 해야 하는 것인데,
무사하지 못하고 일을 꾸미게 되면
천하를 취할 수 없는 것이다.

　노자는 학문을 예로 들고 있지만 단지 학문만에 해당하는 것은 아닐 것이다. 우리의 욕심이 우리를 망가뜨려 진정으로 중요한 것을 잃지 말라는 이야기를 하는 것이라 생각된다. 일을 꾸미면 꾸밀수록 우리의 마음과 육체는 힘들어져 정말 우리가 느끼고 누려할 것들을 잊고 살게 될지도 모른다.
　나에게 중요하지 않은 것은 무엇일까? 내가 꼭 해야 할 일은 무엇일까? 진정으로 나의 삶을 위해 중요한 것은 무엇일까?
　우리는 충분히 행복할 수 있음에도 불구하고 그러지 못하고 살고 있는 것은 아닐까? 많은 것이 없어도 행복하게 즐거운 생활을 할 수 있는 길을 찾는 것이 더 현명한 것은 아닐까? 나의 오늘은 행복하기 위해 주어져 있는데 나는 그것을 스스로 거부하고 있지는 않는 것일까?
　봄바람이 유난히 거세게 불고 있다. 나에게 중요하지 않은 것들은 이제 면도칼로 도려 내고 정말 중요한 것만을 위해 하나씩 정리해야겠다. 바람이 잠잠하고 나면 산책이라도 할 수 있도록.

모두를 얻는다는 것

나의 고집과 편견이 강할수록 다른 사람을 받아들이기 힘든 것이 사실이다. 고집을 부리지 않으려 해도 그것이 그리 쉽지는 않다. 편견 또한 마찬가지이다. 나의 자아가 강할수록 다른 사람의 의견보다 내 생각이 옳다는 편견을 가지기 쉽다. 이러한 고집과 편견은 나로 하여금 다른 사람에게도 상처를 줄뿐더러 나 자신도 상처받게 된다.

세상의 모든 것은 변하기 마련이다. 내 생각과 마음도 변해야 한다. 고집이 셀수록 그는 항상 그 자리에 머물러 있을 수밖에 없다. 발전할 수가 없는 것이다. 항상 예전의 그 모습 그대로, 변하지 않는 생각과 마음으로 자기 세계만 고집한다. 타인을 받아들이는 폭이 갈수록 줄어들 수밖에 없다.

마음과 생각은 절대적이지 않아야 한다. 항상 더 나은 모습으로 발전하고 성숙할 수 있도록 열어 놓아야 마땅하다. 자신의 생각이 옳지 않음을 용기 있게 인정하는 사람이 이러한 길을 갈 수 있을 것이다.

도덕경 49장은

聖人無常心, 以百姓心爲心.
善者, 吾善之,
不善者, 吾亦善之,
德善.
信者, 吾信之,
不信者, 吾亦信之,
德信.

聖人在天下,
爲天下渾其心,
聖人皆孩之.

성인은 고정된 마음이 없고
백성들의 마음으로써 그 마음을 삼는다.
좋은 사람은 나도 그를 좋게 해주고,
좋지 않은 사람도 나는 그를 좋게 해준다.
덕은 선하기 때문이다.
나는 신뢰할 수 있는 자를 신뢰하고,
신뢰할 수 없는 자도 또한 신뢰한다.
덕은 신뢰이기 때문이다.
성인의 천하에 대한 태도는,
늘 분별심 없이 수렴한다.
천하를 위하여 그 마음을 혼돈하게 한다.
백성들은 모두 그 이목을 성인에게 집중하지만,
성인은 이들을 모두 어린아이처럼 무지, 무욕하게 한다.

　"聖人無常心(성인무상심)"이란 성인은 항상 변하지 않는 마음, 즉 절대적인 마음이 없어야 한다는 것이다. 왜냐하면 하루하루가 성숙해진다는 것은 어제의 내가 오늘의 내가 아니기 때문이다. 내일의 나도 오늘의 내가 아니어야 발전할 가능성이 있다. 고집과 편견이 내가 가야 하는 그러한 길에 있어 가장 큰 걸림돌이 될 수 있다.
　즉, 나의 발전과 성숙을 가로막는 것이 바로 나 자신이라는 것이다. 나 자신의 그러한 모습은 나만이 고칠 수 있다. 그 누구도 나를 고쳐주지 못한다. 누구를 의지할 수도 없으니 스스로 깨우쳐야 하는데 그 또한 쉽지 않은 길이다. 항상 열린 마음으로 변해야 한다는 생각을 가지고 살아가는 방법밖에 다른 길은 없다.

　얼마나 많이 다른 사람들을 포용할 수 있느냐가 나의 성숙함의 크기를 짐작할 수 있게 해준다. 나의 주위에 있는 사람을 다 포용해 줄 수 있다면 그만큼 많이 발전할 수가 있을 것이다.

　도덕경 49장에서 노자가 하고 싶은 얘기가 바로 이것이다. 나에게 잘해주는 사람한테도 잘하고 나에게 잘 대해주지 않는 사람에게도 잘하는 것이 바로 이러한 마음이다. 나를 신뢰하는 사람도 믿어주고, 나를 신뢰하지 않는 사람도 일단 믿어주라는 것이 그의 주장이다. 그릇이 클수록 많은 것을 담을 수 있듯이 우리의 내면의 용량이 클수록 더 많은 사람을 얻을 수 있는 것은 자연의 이치일 수밖에 없다. 문제는 그렇게 하지 못하는 나에게 있을 뿐이다.

　자신의 이익에 부합하면 그를 좋아하고, 나하고 잘 맞으면 그와 어울리고, 그렇지 않으면 그를 배격한다면 평생 그는 그러한 세계에서만 살 수밖에 없는 것이고, 더 넓은 세상을 경험할 기회는 없을 것이다. 만약 그것에 만족한다면 어쩔 수 없지만, 아쉬운 것은 자기 능력의 한계, 자신의 그릇의 크기를 알지 못하고 끝내야 한다는 것은 어쩔 수 없는 현실일 것이다. 선택은 우리 각자에게 달려 있을 뿐이다.

삶과 죽음은 종이 한 장 차이일 뿐

　죽음엔 선후배가 없다. 우리는 건강한 것 같아도 언제 죽음이 갑자기 찾아올지 모른다. 내 친구 중엔 20대에 죽은 이도 있고, 30대에 죽은 친구도 있으며, 40대에 죽은 이도 있다. 그 중엔 20대 초반에 사법시험에 합격하고 그때부터 판사를 한 수재였던 친구도 있다. 우리의 내일은 항상 올 것 같지만 그건 모르는 일이다.

　예전엔 죽음이 나와 상관없는 아주 먼 것이라 생각했지만, 결코 그렇지 않다는 것을 요즘 절실히 느낀다. 언제 죽음이 다가올지라도 후회 없는 삶을 살아가야 한다는 생각이 자꾸 든다.

　도덕경 50장은 죽음에 대해 노자가 이야기한다.

出生入死.
生之徒十有三,
死之徒十有三.
人之生, 動之死地, 亦十有三.
夫何故?
以其生生之厚.
蓋聞,
善攝生者, 陸行不遇兕虎,
入軍不被甲兵.
兕無所投其角,
虎無所措其爪,
兵無所容其刃.

夫何故?
以其無死地.

삶의 자리에서 나오면
죽음의 자리로 가게 마련이다.
삶의 무리도 열에 셋은 되고,
죽음의 무리도 열에 셋은 되며,
살 수 있는 인생을 공연히 움직여
사지로 들어가는 사람도 또한 열에 셋은 된다.
왜 그러한 것인가?
그것은 인생을 사는 데 너무 집착하기 때문이다.
내가 듣기로는 삶을 잘 다스리는 사람은
육지를 여행해도 외뿔소와 호랑이를 만나지 않고,
군대에 들어가도 갑옷을 입지 않는다.
들소도 그 뿔을 들이댈 틈이 없고,
호랑이도 발톱을 들이댈 곳이 없고,
병기도 그 칼날을 댈 곳이 없다.
어째서 그럴까?
그에게는 죽을 곳이 없기 때문이다.

　죽음은 자연적 현상이다. 거스를 수가 없다. 노자는 삶과 죽음은 우리에게 각각 3분의 1의 비중이라고 이야기하고 있다. 나머지 3분의 1은 인간 자신이 요소가 된다. 즉 삶과 죽음의 방향으로 인간이 스스로 자신을 몰아갈 수 있다는 뜻이다.
　삶과 죽음은 자연적인 것이지만 인간의 주관적인 면도 무시할 수 없다는 뜻이다. 살고 죽는 것이 운명이라는 견해와는 다른 주장이다. 즉 어떤 사람은 스스로 자신을 사지의 영역으로 몰아가며 사는 사람이 있는가

하면 그렇지 않은 사람도 있다는 것이다.

자연의 법칙을 따르며 도의 길을 따라 살아가는 사람은 삶의 방향으로 자신을 가게 하기 때문에 죽을 곳을 피해갈 수 있으나 그렇지 못하고 권력이나 부, 명예 같은 것에 집착을 하는 사람은 죽음의 방향으로 가고 있다는 것이다. 자신의 욕심을 벗어나지 못하는 경우 삶이 결코 평탄치 못하다는 말이다. 이러한 것을 노자는 "出生入死(출생입사)" 즉, 삶의 자리에서 나와 죽음의 자리로 들어간다고 표현하고 있다.

물론 자연적인 삶과 죽음 그 각각의 3분의 1 자체는 우리의 힘으로 어쩔 수 없는 것이다. 그것은 인간이 할 수 있는 영역이 아니다. 하지만 3분의 1 정도는 우리가 어느 정도 노력을 할 수 있다. 그러기에 노자는 삶과 죽음은 따로 단절된 경계가 있는 것이 아닌 연속되는 과정이라 파악한다. 즉 우리가 현재 살아있는 것이 자연스러운 것이라면 죽는 것도 자연스러운 것이라 말한다. 그 중간에 우리가 할 수 있는 것이 있기에 우리의 삶이 우리가 주인이 될 수 있다는 말이다.

오늘 행복하려 노력하고, 다른 사람을 미워하지 않으며, 억지로 무엇을 하려 하지 말고, 어떤 것에 집착하지 않으며 오늘을 즐겁게 살아간다면 그것이 우리가 우리 삶의 주인이 될 수 있는 것이 아닐까 싶다. 그것이 바로 죽음의 자리에서 삶의 자리로 들어가는 생활이라 생각된다.

후회 없이 우리의 삶을 살아간다는 것은 어쩌면 간단한 것일 수 있다. 무리하지 않고 내가 해야 할 일을 하고 절제하며 하루하루를 성실히 살아가는 것, 그것이 바로 자연의 섭리에 해당하는 道(도)의 길이 아닐까? 아마도 그러한 것이 우리에게 있어 삶이라는 것이 기쁨이 되는 길이라 생각된다. 우리에게 주어진 한번 뿐인 삶을 기쁨의 삶으로 살아가야 되지 않을까?

삶의 원리

삶의 원리란 무엇일까? 그것은 나는 누구인지, 인생은 무엇인지, 사람이란 무엇인지, 우리가 왜 살아가야 하는지, 삶의 가치는 어디에 있는 것인지 그러한 것들을 말함이 아닐까 싶다.

우리가 만약 삶의 원리를 알면 그 이치를 깨달아 어떻게 살아가야 하는지 알 수 있게 되어 자연히 삶이 풍요로워질 수밖에 없다.

우리가 살아가면서 우리의 삶이 힘들고 고통스럽고 어려움에 처하는 이유 중의 하나는 그 원리를 잘 모르기 때문일 수 있다. 어떤 수학이나 과학의 문제를 풀어갈 때 그 원리를 알고 있으면 어려운 문제라도 쉽게 풀어나갈 수 있지만, 그렇지 않을 경우엔 상대적으로 쉬운 문제라 할지라도 풀지 못하는 경우가 흔하다. 왜냐하면 그 원리를 정확히 이해하지 못하기 때문에 내가 마음대로 그 원리를 어떤 문제에 적용하여 풀어낼 능력이 없기 때문이다.

우리의 삶도 마찬가지가 아닐까 싶다. 삶의 원리를 충분히 이해한다면 나에게 다가오는 삶의 많은 문제들을 잘 해결할 수 있지만, 그렇지 않을 경우엔 그다지 큰 문제가 아님에도 불구하고 넘어지고 쓰러져 좌절할 수 있게 된다.

우리가 삶의 원리를 이해한다면 나 자신에게 또한 다른 사람에게 어떤 것을 해야 하며 어떤 것을 해야 하지 않는지 잘 알 수 있을 것이다. 그로 인해 나 자신은 더 나은 모습으로 발전할 수 있고, 다른 사람과는 좋은 관계를 유지하며 지낼 수 있다.

사람에 대해 잘 모르는 상황에서 사람들을 대하게 되니, 그로 인해 문제가 발생해도 이해를 하지 못하고 해결도 되지 않아 점점 심한 어려움에 처할 수밖에 없게 된다. 만약 인간이 무엇인지를 잘 알고 있다면 그러한 문제를 미리 예방할 수도 있고, 내가 생각지 않은 문제가 다가와도 당황하지 않고 위기를 극복하고 잘 해결할 수 있을 것이다.

우리가 사람이 무엇인지를 알게 된다며, 다른 사람을 나름대로 어느 정도 포용할 수 있게 되고 이로 인해 서로 간에 신뢰하고 덕이 쌓여 다른 사람으로부터 오는 갈등과 고민이 사라지게 되어 우리 삶이 풍요로워질 수 있다.

도덕경 51장은

道生之,
德畜之,
物形之,
勢成之,
是以萬物莫不存道而貴德.
道之尊, 德之貴,
夫莫之命而常自然.
故道生之, 德畜之,
長之, 育之,
亭之, 毒之,
養之, 覆之,
生而不有,
爲而不恃,
長而不宰.
是謂元德.

도는 만물을 생성하고,

덕은 도로부터 얻어 쌓아 기르고,
물이란 만물의 형태가 나타나고,
세란 생명력을 형성해 가는 것이니,
그러므로 만물은 모두 도를 존숭하고
그 공덕을 귀하게 여기는 것이다.
도와 그 공덕의 존귀함은
누가 명령해서 그렇게 하는 것이 아니라,
언제나 자연히 그렇다.
그런데 도가 만물을 낳고,
그 도의 공덕이 만물을 기르고,
이를 신장하고, 양육하고,
안정시키고, 충실하게 하고,
기르고, 비호한다.
도는 만물을 낳지만 자기 소유로 삼지 않고,
공덕은 만물을 육성하면서도 뽐내지 않고,
성장시키면서도 지배자로 자처하지 않는데,
이러한 것을 현묘한 덕이라고 하는 것이다.

　도란 다름 아닌 삶의 원리다. 자연의 이치나 삶의 원리가 다 같을 수밖
에 없다. 이러한 원리가 모든 것의 가장 기본이 된다. 따라서 그 원리를
알면 알수록 우리의 삶은 풍요로워지게 되어 덕이 쌓일 수밖에 없다.
　내가 누구인지 알아야 나의 삶이 윤택해진다. 나를 알지도 못하면서 어
떻게 나의 삶을 더 나은 모습으로 이루어나갈 수가 있겠는가? 물론 모든
것을 한 번에 다 알 수는 없지만, 하루하루 내 자신이나 삶의 원리들을
알아가려고 노력하는 것만큼 삶에 대해 더 많은 것을 알게 되어 우리에
게 생기는 문제나 어려움을 예전에 비해 더 수월하게 해결해 나갈 수가
있다.

어떤 문제가 잘 풀리지 않는 것은 다 이유가 있기 마련이다. 그 이유 즉 원리를 충분히 알고 있지 못하기 때문에 아무리 노력해도 해결될 기미는 보이지 않고 점점 지쳐가기만 할 뿐이다. 결국 나중에 모든 것을 원망하게 되어 삶 자체가 피폐해질 수밖에 없게 된다. 나의 삶은 충분히 풍요로울 수 있었는데 그 원리를 이해하지 못해 그 좋은 기회들을 다 놓친 것과 마찬가지다.

삶은 하루아침에 이루어지지 않는다. 원리에 따라 그 과정을 다 거쳐야 어떤 결실이 나타날 수 있다. 우리가 삶의 원리에 충실하고자 할수록 그 열매는 더 알차고 아름답지 않을까 싶다.

밝음

　우주가 탄생하기 전 빛은 존재하지 않았다. 우주의 탄생과 더불어 빛이 존재하면서 우주 공간의 모든 물질의 근원적 에너지가 공급되기 시작했다. 그 에너지가 바로 모든 물질과 생명의 원천이었다.

　빛은 밝음이다. 삶에 있어서 밝음은 지혜다. 노자는 그것을 도(道)라 표현했다. 따라서 그 도는 모든 것의 근원이라 할 수 있다. 우리는 살아가는데 있어서 진정한 지혜를 알아야 한다. 그 지혜로 우리의 삶은 더 의미 있고 가치가 있을 것이다.

도덕경 52장은

天下有始, 以爲天下母.
旣得其母, 以知其子.
旣知其子, 復守其母, 沒身不殆.
塞其兌, 閉其門, 終身不勤,
開其兌, 濟其事, 終身不救.
見小曰明, 守柔曰强,
用其光, 復歸其明, 無遺身殃.
是爲習常.

천하에 처음, 즉 도가 있는데,
그것이 천하의 어머니이다.
이미 그 어머니를 알면 또한 그 아들,

즉 만물을 알거니와,

이미 그 아들을 알고서 또한 그 어머니를 지키면

몸이 다 하기까지 위태롭지 않다.

그 구멍, 즉 이목구비를 통한 욕망을 막고,

그 정욕이라는 문을 닫으면 몸이 다하기까지 고단하지 않은데,

그 구멍을 열어 욕망을 충족시키는 일을 계속하면

몸이 다하기까지 구원받지 못한다.

미세한 것을 볼 줄 아는 것을 밝음이라 하고,

연약함을 지키는 것을 강함이라 하는데,

인간의 빛을 사용하여 그 밝음에 복귀하면,

몸에 재앙을 남기는 일이 없다.

그런데 이것을 상도에 들어간다고 하는 것이다.

밝음은 어두움을 몰아내고 많은 것을 볼 수 있게 해준다. 그 밝음으로 우리는 삶을 볼 수 있고, 인간의 진정한 모습을 볼 수 있다. 우리가 만약 삶의 모습이나 인간의 모습이 어떠한 것인지를 볼 수 없다면 우리의 삶의 어두운 면을 몰아낼 수 없을 것이다.

어둠 속에 갇힌 삶은 기쁘거나 행복하거나 즐겁지 않고 우울하며 불행하고 의욕마저 사라질 뿐이다. 삶의 긍정은 바로 밝음에서 온다. 살아보고 싶은 마음, 삶이 무엇인지 느껴보고 싶은 마음, 보다 가치 있고 의미 있게 나의 시간을 만들어 가고자 하는 마음은 이런 긍정에서 기인한다.

삶의 지혜가 나약한 나를 지켜주고, 힘들고 고달픈 나의 인생을 책임져주며, 외부로 오는 많은 시련으로부터 나를 강건하게 서 있을 수 있도록 도와준다. 따라서 나는 그 밝음으로부터 강해질 수 있다. 나 자신을 스스로 지킬 수 있기 때문이다.

우리의 삶에 밝음이 있어야 한다. 식물이 빛을 통해 광합성을 하여 온 지구에 생명의 근원인 산소를 만들어내듯이 우리에게 있어서 밝음은 바로 우리 삶의 가장 중요한 근원을 제공하게 될 것이다.

지혜는 겸손

 자신이 무언가를 알고 있다 하더라도 그것에 대해 항상 의심하고 더 나은 지혜를 얻어야 할 필요가 있다. 따라서 진정으로 현명한 자는 자신이 알고 있는 것이 완벽하지 않다고 생각하여 더욱더 노력하는 자라 할 수 있다. 따라서 진정한 지혜는 겸손한 자한테서 나오는 법이다.

 하지만 그렇지 못한 사람은 자신이 현재 알고 있는 것이 전부라고 생각하고, 자신의 뜻을 다른 사람에게 강요하고 관철시키려 할 뿐이다. 이는 교만이며 독선이다. 만약 이러한 사람이 지도자의 자리에 있게 된다면 모든 백성은 힘들고 어렵고 고통스러운 삶을 살아갈 수밖에 없다.

 도덕경 53장은

使我介然有知, 行於大道,
唯施是畏.
大道甚夷, 而民好徑.
朝甚除, 田甚蕪, 倉甚虛.
服文綵, 帶利劍,
厭飮食, 財貨有餘.
是謂道과, 非道也哉.

나에게 조그만 지혜라도 있어서
하늘 아래 대도를 행하라 한다면
단지 그 지혜를 함부로 베푸는 것이 두려울 뿐이다.

무위의 대도는 매우 평탄하건만,
그래도 사람들은 샛길로 가려 한다.
그리하여 조정은 더러워지고,
논밭은 황폐하고,
창고는 비었는데도,
아름답게 채색된 옷을 입고,
날카로운 칼을 차고,
맛있는 음식을 물리도록 먹고,
재화가 남아 돌아간다.
이런 것을 도둑질한 영화라고 한다.
그것이 어찌 무위의 대도가 되겠는가.

　지혜를 함부로 베푸는 것을 두려워한다는 것은 자신이 알고 있는 것을 확신하여 다른 사람에게 그 주장을 하지 않음을 말한다. 본인은 항상 아직까지 부족하여 더 배우려 노력할 뿐 자신의 의견을 다른 사람에게 말하거나 주장하지 않는다는 것이다. 진정으로 겸손한 자는 말을 많이 하는 사람이 아니라 가만히 듣는 사람이라 할 수 있다.

　자신이 가지고 있는 지혜가 조그만 지혜라 생각하는 사람이 바로 겸손한 자이다. 아직 많이 부족하여 더 알아야 하고 배워야 한다는 것을 인식하고 있기에 그는 그런 태도를 취한다. 그런 사람이 나중에 정말 많은 것을 알고 내면을 성장시켜 진정으로 지혜로운 사람이 될 수 있다.

　교만과 자기 독선에 빠진 사람들은 더 이상 자신을 돌보는 일에 소홀하여 다른 길로 들게 된다. 그런 사람들이 모인 권력 집단은 자기 최면에 빠져 스스로를 돌아봄이 없고, 오로지 자신의 생각을 다른 사람에게 강요할 뿐이다. 그로 인해 백성의 삶은 궁핍하고 몰락될 수밖에 없다. 그렇기에 국민들은 삶이 힘에 겨운데도 불구하고 그들은 호의호식하는 것이다.

진정한 지혜는 겸손으로부터 나온다. 자신의 부족함을 알고 더 나은 모습이 되고자 노력하는 사람, 주위의 모든 이들로부터 무언가를 배우려 노력하는 사람, 자신이 생각하고 있는 것을 다른 이들에게 강요하거나 관철시키려 하지 않는 사람이 진정을 지혜로운 사람이라 할 것이다.

모든 것을 나 대하듯

이 세상에서 가장 중요한 것은 나 자신이다. 따라서 거의 모든 사람들이 자신을 소중하게 대한다. 다른 사람에게 싫은 소리를 듣거나 자존심 상하는 말을 듣게 되면 금방 마음이 상한다. 자신이 그만큼 소중하기 때문이다.

자신이 소중한 만큼 다른 사람도 소중하다. 그 사람도 그 사람 자신을 가장 소중하게 생각하기 마련이다. 우리 모두는 다 소중하다. 나 자신이 나를 소중하게 여기는 것만큼 다른 사람도 나처럼 소중하게 대해주면 어떨까? 아무 삶이 그만큼 더 풍요롭고 화평하지 않을까?

도덕경 54장은

善建者不拔, 善抱者不脫.
子孫以祭祀不輟.
修之於身, 其德乃眞,
修之於家, 其德乃餘,
修之於鄕, 其德乃長,
修之於國, 其德乃豊,
修之於天下, 其德乃普.
故以身觀身,
以家觀家,
以鄕觀鄕,
以國觀國,

以天下觀天下,
吾何以知天下然哉?
以此!

잘 세운 것은 뽑히지 않고,
잘 안은 것은 빼앗기지 않아,
이러한 도를 실천한 사람들은
자손들이 끊이지 않고 제사를 계속할 수가 있다.
이 도로 자신을 수양하면 그 덕이 참되고,
이 도로 가정을 보살피면 그 덕이 여유가 있고,
이 도로 고을을 보살피면 그 덕이 장구하고,
이 도로 나라를 다스리면 그 덕이 풍성하고,
이 도로 천하를 다스리면 그 덕이 두루 미친다.
그러므로 수신하는 길로 자신의 상태를 살피고,
내 집을 다스리는 경지로 모든 사람들의 집을 볼 것이요
내 마을을 대하는 경지로 모든 마을을 볼 것이요
내 나라를 대하는 경지로 모든 나라를 볼 것이요
네 천하를 대하는 경지로 천하를 볼 것이다.
내가 무엇으로 천하가 그러한 것을 알 수 있느냐 하면,
즉 이것으로 가능하다.

　나 자신을 소중히 여겨 내면의 나를 성장시켜서 더 나은 나의 모습으로
발전시켜 나가면 이는 곧 나 자신이 우뚝 설 수 있는 계기가 될 수 있다.
이러한 내 자신은 나의 가정과 나의 이웃을 보살피는 데 있어 더 이상 바
랄 게 없을 것이다.
　게다가 나를 소중히 여기는 마음으로 나의 가까운 사람들과 이웃들을
소중히 여긴다면 삶은 여유롭고 평안하여 우리의 삶 자체가 행복과 기쁨

이 충만하지 않을까 싶다.

　내 자신이 소중한 만큼 보다 나은 내가 될 수 있도록 노력하고, 내 주위의 모든 사람을 나와 같이 소중히 여겨 아끼고 보살펴 준다면 내가 살아가는 그 시간들은 충분히 아름답고 보람 있지 않을까 싶다.

아기와 같은 사람

　태어난 지 얼마 되지 않은 아기들은 주위의 모든 사람들로부터 사랑을 받는다. 왜 그럴까? 아기는 아기 주위에 있는 어떤 사람들에게도 아무런 것도 하지 않았기 때문이다. 존재함 자체로 충분했다.

　하지만 아기는 자라서 청년이 되고 어른이 되면 자신의 생각대로 자신의 의지대로 모든 것을 해 나가려 한다. 그러다 보니 주위의 많은 사람들과 갈등을 하게 되고, 다투며, 싸우게 된다. 그로 인해 서로 미워하고 싫어하게 된다.

　그럼 어떻게 해야 다시 사랑을 받을 수 있을까? 주위에 있는 사람들에게 가능하면 해를 가하지 않고 덕을 베풀면 된다. 아기처럼 아무것도 하지 않을 수는 없지만, 억지로 다른 사람에게 무엇을 강요한다든지, 그 사람이 자신의 뜻과 맞지 않는다고 하여 그를 비난하거나 비판하지 않아야 한다. 그에게 위력을 가하면 가할수록, 자신의 뜻을 이루기 위해 그를 무시하고 싸우게 되면 조그만 이익을 얻을지는 모르나 크게 봐서는 별것도 아닌 것을 가지고 사람을 잃게 된다. 그러한 것은 몸에 배게 되어 나중에는 모든 사람을 다 잃을 수도 있다.

　도덕경 55장은

含德之厚, 比於赤子.
蜂蠆不蛇不螫
猛獸不據,
攫鳥不搏.

骨弱筋柔而握固,
未知牝牡之合而全作,
精之至也.
終日號而不嗄,
和之至也.
知和曰常,
知常曰明,
益生曰祥,
心使氣曰强.
物壯則老, 謂之不道.
不道早已.

마음에 깊이 덕을 간직한 사람은
어린아이에 비교할 수 있다.
벌, 전갈, 독사도 쏘지 못하고,
맹수도 잡지 못하고,
사나운 새도 할퀴지 못한다.
뼈는 약하고 근육은 부드러우나,
손아귀의 힘은 강하다.
아직 남녀의 교합을 모르는데도
성기가 발기하는 것은 정기가 완전하기 때문이고,
하루종일 울어도 목이 쉬지 않는 것은
음양의 조화가 완전하기 때문이다.
조화를 아는 것을 참이라 하고,
참을 아는 것을 밝음이라고 한다.
생명을 억지로 유익하게 하려는 것을 재앙이라고 말하고,
마음으로 기력을 부리는 것을 강하다고 하거니와,

만물은 강대해지면 곧 노쇠한다.
이런 것을 도에 어긋난다고 하는데,
도에 어긋나면 곧 앞길이 막힌다.

  아기가 모든 사람으로부터 사랑을 받듯이 덕이 있는 사람은 아기 못지
않게 많은 사람들이 좋아할 수밖에 없다. 다른 사람에게 좋은 것을 주거
나 베풀지 않더라도 최소한 다른 이들을 괴롭히거나 상처를 주거나 나쁘
게만 하지 않아도 미움을 받거나 최소한 다른 사람들이 싫어하지는 않
는다.
  우리가 살아가면서 겪는 가장 큰 문제 중의 하나가 바로 인간관계에서
기인한다. 그 문제는 자기 자신을 다른 사람에게 강요하고, 그 사람 자
체를 받아들이지 못하는 것에서 시작된다. 다른 사람을 있는 그대로 받
아들이고 나와는 조금 다르다 하더라도 나 자신을 그 사람에게 억지로
받아들이게 하면 거기서 많은 갈등과 문제가 생길 수밖에 없다.
  억지로 자신을 다른 사람에게 행하는 것을 노자는 재앙이라고 했다. 자
기 자신이 강한 것이 어떤 존재감을 느끼는 것은 사실일지 모르나, 이는
어쩌면 자신이 몰락할 수 있는 길이 되어 버릴 수도 있다. 이럴 경우 그
의 삶은 주위의 벽에 둘러싸여 너무나 힘들고 아플 수밖에 없게 된다. 그
렇게 된다면 매일 느끼는 행복과 만족한 삶을 전혀 누리지 못한 채 그렇
게 자신에게 주어진 시간이 지나가 버릴 뿐이다.

쉽게 판단하고 말하고

그동안 살아오면서 생각해 보면 나는 다른 사람들의 판단의 대상이 되어 왔다. 하지만 놀라운 사실은 나를 처음 만나자마자 몇 마디 물어보고 나에 대해 전부 다 아는 것처럼 판단하는 사람들이 수없이 많았다. 나에 대해 전혀 알지 못하면서 어떻게 나를 판단하는지 도저히 이해할 수가 없었다. 문제는 그러한 판단이 나에게 커다란 상처가 되는 경우가 너무나 많았다는 사실이다.

심지어 나와 가까운 사람인데도 불구하고 이런저런 상황을 파악하지도 않은 채 자신이 알고 있는 지식만으로 나에 대해 전부를 아는 것처럼 판단하고 결정하는 경우가 너무나 많았다.

언제부턴가 나는 그런 것이 무서웠다. 처음 만나 나에게 몇 마디 물어보고 그것으로 나에 대해 대강 알겠다는 표정을 짓는 사람과는 더 이상의 관계를 유지하지 않으려는 습관이 생겼다. 또한, 많은 것들을 너무나 쉽게 말하는 사람들은 왠지 두려웠다. 쉽게 말했으니 쉽게 뒤집을 가능성이 너무나 당연하기 때문이다.

도덕경 56장은

知者不言, 言者不知.
塞其兌, 閉其門,
挫其銳, 解其分,
和其光, 同其塵.
是謂玄同.

故不可得而親, 不可得而疏,
不可得而利, 不可得而害,
不可得 而貴, 不可得而賤.
故爲天下貴.

아는 사람은 말하지 않고,
말하는 사람은 알지 못한다.
감정의 구멍을 막고,
정욕의 문을 닫고,
기를 쓰고 달려드는 태도를 누르고,
그런 태도에 의한 여러 가지 얽힘을 풀고,
그 빛을 부드럽게 하며,
그 티끌을 고르게 한다.
이것을 도와의 현묘한 합일이라 한다.
그러므로 이는 친할 수도 없고,
이를 멀리할 수도 없고,
이익을 줄 수도 없고,
해로울 수도 없고,
귀할 수도 없고,
천할 수도 없다.
그러므로 세상에서 가장 귀하다.

노자는 쉽게 말하고 쉽게 판단하는 사람을 편협하다고 보았다. 이는 진정한 가치를 모른 채 자신이 현재 알고 있는 것이 전부이며, 자신이 판단한 것이 절대적으로 옳다고 생각하는 독선과 아집이다. 인간의 세상에서 절대선은 없다.

자신이 알고 있는 지식이나 생각으로 기를 쓰고 달려드는 사람들을 종

종 만난다. 하지만 그런 모습들을 볼 때 사실 심히 마음이 안타까운 이유는 무엇일까? 만약 그런 판단들이 나중이 옳지 않다고 알려진다면 그러한 기를 쓰고 행동했던 일들은 어떻게 될까?

제인 오스틴은 그녀의 소설에서 당시의 결혼에 이르는 메카니즘을 "오만과 편견"으로 보았다. 신분, 계급, 경제력은 사람들에게 오만을 부여했고 이로 인해 그들은 편견속에서 판단하며 살아간다. 진정한 인간의 모습은 그러한 오만과 편견으로 인해 사라져 버리고 삶은 무의미해진다. 그러한 선택은 어쩌면 돌이킬 수 없는 인생의 길로 가게 만든다.

쉽고 말하고 판단하는 것은 어쩌면 우리의 진정한 모습으로 다가갈 수 있는 기회를 막는 커다란 장애물일지 모른다. 노자가 생각하는 도에는 부드러움이 있다. 결코 날카로움으로 도에 이르지 못한다. 많은 사람들이 말을 잘하는 것을 똑똑하게 생각하는 경향이 있다. 물론 그것도 어느 정도 맞는 말이긴 하다.

알버트 아인슈타인이 한번은 수많은 사람들이 모인 연회에서 한 마디 해달라는 사회자의 부탁을 받았다. 그가 자리에서 일어나 무슨 얘기를 할까 생각하다가 아무리 생각해도 마땅히 할 이야기가 떠오르지 않아 한참을 머뭇거리다가 아무런 얘기도 하지 않고 그대로 자리에 앉아버렸다. 그 모습을 본 사람들은 엄청난 환성을 질렀고 좌중에선 우뢰와 같은 박수가 터져 나왔다. 아인슈타인은 강의나 강연을 하는데 있어서도 엄청난 눌변이었다. 하지만 아무도 그를 무시하는 사람은 없었다.

박사과정때 한 문제를 푸는데 있어서 며칠씩 걸렸던 경우가 수도 없이 많았다. 그 과정이 무척 힘이 들었지만, 다 풀고 나서 느끼는 그 희열은 정말로 좋았다. 쉽게 풀 수 없기에 그만한 가치가 있었던 것 같다. 내 자신도 사실 예전에 너무 쉽게 판단했던 적도 많다. 하지만 언젠가부터는 판단을 거의 자제하려고 스스로 노력한다. 내 눈에 보이는 것 말고도 또 다른 수많은 모습들이 존재할 것이라는 생각을 항상 염두에 두려고 노력한다. 그 노력이 보다 더 가치있게 열매를 맺었으면 좋겠다.

그와 더불어 이제부터는 다른 사람이 나에 대해 어떤 판단을 해도 전혀 신경쓰지 않을 생각이다. 그와는 더 이상의 관계는 없겠지만 그로 인해 나는 아무런 상관이 없다. 나에 대해 쉽게 말하는 사람도 마찬가지다. 그와의 인연은 스쳐가는 것이기에 오히려 마음이 편하다. 나에 대해 쉽게 말하지 않고 쉽게 판단하지 않는 사람과 소중한 시간을 보내기에도 부족할 뿐이니까.

스스로 한다는 것

공부하는 데 있어서 가장 효과가 좋은 방법은 무엇일까? 그것은 스스로 알아서 하는 것이다. 아무리 좋은 선생님과 공부를 해도 자신이 스스로 노력하는 것을 따라가지 못한다. 아무리 좋은 책이 있다 하더라도 스스로 깊이 있게 공부하지 않는 한 전혀 의미 없는 종이 뭉치에 불과하다.

공부뿐만이 아니라 모든 것이 다 그렇다. 스스로 알아서 하는 것이 가장 효과가 좋다. 운동선수들도 억지로 시켜서 하는 것보다 스스로 자신의 부족한 것이 무엇인지 파악해서 그것을 보충하고 자신의 장점을 알아서 더욱 발전시켜 나가면 어떤 대회에 나가서도 좋은 결과를 얻을 수 있을 것이다.

도덕경 57장은

以正治國,
以奇用兵,
以無事取天下.
吾何以知其然哉,
以此,
天下多忌諱, 而民彌貧,
民多利器, 國家滋昏,
人多伎巧, 奇物滋起,
法令滋彰, 盜賊多有.
故聖人云,

我無爲而民自化,
我好靜而民自正,
我無事而民自富,
我無欲而民自樸.

정도로써 나라를 다스리고,
기계로써 군대를 움직이고,
무위 무사로써 천하를 지배한다.
내가 그런 것을 어떻게 아느냐 하면,
무위 자연의 도,
이것에 의해서 안다.
천하에 꺼리고 피할 것이 많으면 많을수록,
백성은 점점 가난해지고,
백성들에게 문명의 이기가 많아지면
나라는 점점 혼란해지고,
사람들에게 기교가 많아지면
기괴한 물건이 많이 제작되고,
법령이 점점 정비되면 도둑은 오히려 많아진다.
그러므로 성인이 말하기를,
내가 무위 자연이면 백성은 자연히 교화되고,
내가 고요한 것을 좋아하면 백성은 저절로 바르게 되고,
내가 무위 무사이면 백성은 자연히 넉넉해지고,
내가 무욕이면 백성은 자연히 순박하게 된다고 했다.

　어느 집단이나 국가도 마찬가지다. 규율과 강제가 많을수록 스스로 자신을 희생하려 하지 않기에 그 조직은 기계적이 될 뿐 알아서 잘 돌아가지 않는다.

스스로 알아서 모든 것을 해 나간다는 것은 자신이 무언가를 깨달아 알았기 때문이다. 이로 인해 자신에게 있어 무엇이 중요한 지 알 수 있고, 이를 위해 스스로 어떤 일을 해 나가야 하는지 충분히 알고 있기에 모든 일에 있어 자발적으로 나설 수가 있어 가장 효율적이 될 수 있다.

깨달아 알았기에 자신을 위해 더 나은 모습이 되고자 하며, 그를 위해 스스로 많은 노력을 할 수 있고, 그 결과가 훌륭해질 수밖에 없다.

자신이 하는 일을 억지로 하다 보면 재미도 없고, 별 의욕도 생기지 않지만, 그 일을 왜 하는지, 자신하고 어떤 관계가 있는지를 알고 자신에게 진정으로 필요한 것이라 생각되면 그 일 자체에 흥미가 생겨 스스로 열심을 낼 수 있다. 그런 과정에서 하는 모든 일이 재미가 있고, 즐거우며, 기쁠 수 있다. 무언가를 스스로 한다고 함은 진정으로 자신을 위한 가장 소중한 자산임이 틀림없다.

절대적으로 정해진 것은 없으니

내가 주위에서 가장 좋아하는 사람은 자신이 옳다고 강하게 주장하지 않는 사람들이다. 그런 친구들은 다른 사람에 대해 욕을 하거나 잘 깎아 내리지 않는다. 내가 거부감을 느끼는 사람은 항상 자신이 옳으며 자신의 주장을 굽히지 않고 관철시키려 하는 사람이다. 그런 사람은 왠지 가까이하기가 두렵다.

사람이 살아가는 세상에 절대적인 것은 없다. 진리는 상대적일 뿐이다. 과학사에 있어서 가장 위대한 법칙인 뉴턴의 운동 법칙도 원자 수준의 미시세계로 가면 철저히 붕괴 된다. 뉴턴의 원리로 풀어 봤자 틀린 답만 나온다. 전기 문명을 만들어낸 전자기학의 맥스웰 방정식도 마찬가지다. 원자핵 주위를 도는 음전하를 가지고 있는 전자는 맥스웰 방정식을 따르지 않는다.

이러한 자연을 지배하는 법칙도 그러한대 하물며 인간 관계에 있어서는 말할 필요가 없다. 누구의 기준으로 무엇을 기준으로 옳고 그름을 판단할 것인가?

도덕경 58장은 말한다.

其政悶悶, 其民淳淳,
其政察察, 其民缺缺.
禍兮, 福之所倚,
福兮, 禍之所伏. 孰知其極?
其無正, 正復爲奇, 善復爲妖.

人之迷, 其日固久!
是以聖人方而不割,
廉而不, 直而不肆, 光而不燿.

그 정치가 관후하면 그 백성이 순박하고,
그 정치가 가혹하면 그 백성의 불만이 많아진다.
화라는 것은 사실은 복이 의지하는 바이고,
복이라는 것은 사실인즉 화가 숨어있는 것이니,
누가 그 끝을 알 것이냐.
그러므로 세상에는 절대적으로 정해진 것은 없다.
정상적인 것도 곧 비정상인 것이 되고,
좋다고 보았던 것도 또한 나쁜 것으로 되니,
인류가 이 상대의 진리를 잃어버린 것은 새삼스러운 일이 아니다.
그러므로 성인은
자기가 방정하다고 해서 남을 절단하려 하지 않고,
자기가 깨끗하다고 해서 남을 깎지 않고,
자기가 곧다고 해서 주장하지 않고,
자기에게 영지의 빛이 있다고 해서 남에게 자랑하지 않는다.

가혹한 정치란 무엇일까? 바로 권력을 잡고 있는 이들이 자신의 주장을 관철시키기 위해 모든 것을 바꾸려 하는 것을 말한다. 그들의 주장은 그들에게만 옳을 뿐이다. 그러한 아집에 빠져 있는 권력자들이 많을수록 백성은 힘이 들 뿐이다.

살아가다 보면 어려움이 있지만, 그것이 지나가면 또한 좋은 시간이 온다. 화에 복이 숨어있고 복에 화가 숨어 있다는 말은 자연의 원리에 바탕을 두고 있다. 그 원리는 당연히 우리들이 살아가는 삶의 지혜가 될 수밖에 없다. 우리가 무엇이 옳다고 고집만 피운다면 세상을 전혀 알지 못하는 우물 안 개구리 수준에서 벗어날 수 없다. 설령 자신이 옳다고 주장을 하더라도 자신이 틀릴 수도 있다는 가능성을 열어두고 있어야 한다.

자신이 옳다고 남을 판단하여 비판하고, 자신은 깨끗하다고 남을 비하한다면 부메랑이 되어 돌아올 수 밖에 없다. 하지만 슬픈 현실은 우리 주위에 대부분의 경우가 자신이 옳다고 주장하는 이들로 넘쳐나고 있다는 사실이다. 다른 사람의 이야기를 들으려 하지 않고 무시하며, 자신이 일방적인 주장만 반복하는 사람들이 정말로 너무 많다. 자신의 잘못을 인정하려 하는 이들이 극히 드물다.

다른 사람이 설령 잘못이 있다 하더라도 그것을 깎아 내리기보다는 그 배후를 이해하려고 노력하는 사람들이 많다면 얼마나 좋을까? 다른 사람의 잘못은 눈에 보이면서도 자신의 잘못은 왜 인식을 하지 못하는 것일까? 그 이유는 바로 이 세상이 자기 자신을 위해 존재한다고 생각하는 독선에서 나온다. 그러한 사고에서 탈피하지 못하는 한 그는 그 세상에서 평생을 지낼 수밖에 없을 것이다. 더 넓은 세상을 경험하지 못하며 더 커다란 세계를 이해하지 못할 수 밖에 없다.

내가 옳지 않을 수도 있다고 생각하는 마음, 다른 사람을 깎아내리려 하지 않는 마음, 상대적인 생각을 할 수 있는 마음 넓은 사람이 주위에 많기를 바랄 뿐이다.

마음 연습

다른 사람을 중요하게 생각하면 그를 아낄 수밖에 없다. 그에 대한 마음이 없으니 그를 아끼지 않는 것이다. 상대를 소중히 여기지 않으면 상대도 나를 당연히 소중히 생각하지 않는다. 따라서 상대로부터 내가 소중한 대우를 못 받았다면 내가 상대를 소중히 생각하지 않았기 때문이다. 비록 정도의 차이가 있을 뿐이다.

내가 다른 사람을 아끼지 않은 것에 대한 되돌아봄이 쉽지 않았기에 그런 상황이 반복되는 것 같다. 다른 사람이 나에게 잘해주기를 바라기 전에 내가 더 잘해주었어야 했다.

도덕경 59장에서는

治人事天, 莫若嗇.
夫唯嗇, 是以早服.
早服謂之重積德.
重積德, 則無不克,
無不克, 則莫知其極.
莫知其極, 可以有國,
有國之母, 可以長久.
是謂深根固, 長生久視之道.

사람을 다스리고 하늘을 섬기는 데는
아끼는 것만 한 것이 없다.

대저 모든 것을 아낄 줄 알면
모든 것이 일찍 회복된다.
일찍 회복하는 것,
이것을 일컬어 덕을 쌓는 것이라고 한다.
거듭하여 덕을 쌓으면 이루지 못하는 것이 없고,
이루지 못하는 것이 없으면,
그 다함을 알지 못하는 것이 없다.
그 다함을 알지 못하는 것이 없으면
그것으로 나라를 얻을 수 있다.
나라를 얻는 그 어미는
그 나라를 오래가게 할 수 있으니,
이것을 뿌리가 깊고 튼튼하여
장생불사하는 길이라고 한다.

　중요한 것은 노자는 좋고 싫음을 떠나서 일단 모든 것을 아껴주어야 함을 강조한다. 좋아서 아껴주고 싫어서 아껴주지 않는 것은 누구나 할 수 있다. 하지만 일단 아껴주는 것부터 하기는 정말 쉽지 않다. 나의 행동은 나의 마음을 따라갈 수밖에 없기 때문이다. 하지만 그러한 것을 넘어서는 것이 현명하다고 노자는 말하고 있다. 마음 끌리는 대로 가면 평생을 그렇게 살아야만 한다.

　마음이 없어도 아끼는 방법은 무엇일까? 그게 가능할까? 나의 마음도 언젠가 바뀐다. 없던 마음도 시간이 지나면 변화가 가능하다. 비록 힘이 들겠지만, 여유를 가지고 그때까지 기다린다면 정말 좋을 것이다. 더 많이 사랑하는 사람이 진정으로 그 사람을 사랑하는 것이 아닐까 싶다. 그러지 못하기 때문에 아껴주지를 못하는 것 같다.

　요즘 드는 생각은 마음도 훈련이 필요한 것 같다. 운동도 처음엔 잘하지 못하지만, 자꾸 하다 보면 조금씩 나아진다. 수영을 처음 배울 때 물에 뜨는 것도 힘이 들지만, 자꾸 하다 보면 나중엔 영법도 잘하게 되는 것과 마찬가지가 아닐까 싶다.

마음 연습이 그래서 필요하다. 나의 마음을 내가 마음먹은 대로 조절할 수 있다면 더 많은 사람과 좋은 관계를 가질 수 있을 것이다. 그렇게 된다면 내가 더 많이 다른 사람을 아껴줄 수 있고 그러다 보면 다른 사람도 나를 많이 생각해 줄 것은 분명하다.

노자는 그래서 모든 것을 아끼라고 하는 것이 아닐까? 내가 좋아하는 것뿐만 아니라 싫어하는 것도 마음을 연습하여 아끼다 보면 모든 것이 다 좋아하게 될 수도 있을 것 같다. 물론, 이건 나의 생각이지만. 지나간 것은 어쩔 수 없고 앞으로라도 마음을 공부하고 마음을 연습해 나간다면 더 따뜻하게 많은 사람과 지낼 수 있을 것 같다. 모든 것을 아끼는 마음이 생길 때까지 나의 마음 연습을 중단없이 하고 싶다는 생각이 든다. 이러한 것을 좀 더 일찍 깨달았다면 얼마나 좋았을까?

그냥 내버려 두는 것이 사랑 일수도

조기를 먹기 위해 굽다 보면 너무 얇기 때문에 자주 뒤집으면 부서지기 마련이다. 너무 센 불에 요리를 해도 약하기 때문에 불에 타기도 쉽다. 그저 약한 불에 자주 뒤집지 않고 요리해야 부서지지도 않고 태우지 않은 상태로 먹을 수 있다. 손이 많이 닿을수록 좋지 않은 것이다.

새로운 정부가 들어서면 전에 정부가 하던 것을 마구잡이로 뜯어고치는 경우가 허다하다. 수많은 규제가 새로이 수없이 만들어진다. 전에 정부가 하던 것이 제대로 결과가 나오기도 전에 다시 새롭게 무언가를 시작해야 하니 그 부작용이 상상을 초월한다. 그 고통은 온전히 백성에게 돌아갈 뿐이다.

도덕경 60장에서는

治大國,
若烹小鮮.
以道莅天下,
其鬼不神.
非其鬼不神,
其神不傷人.
非其神不傷人,
聖人亦不傷人.
夫兩不相傷,
故德交歸焉.

큰 나라를 다스리는 것은
작은 생선을 요리하는 것과 같다.
도로써 천하에 임하면,
그 귀신도 영력을 부리지 않을 것이다.
그 귀신이 영력을 내리지 않는 것이 아니라,
그 영력이 사람을 상하지 않는다.
그 영력이 사람을 상하지 않을 뿐만 아니라,
성인도 또한 사람을 상하지 않는다.
대저 둘이 서로 상하지 않으니,
덕이 모두 백성에게 돌아간다.

어떤 경우에는 그냥 내버려 두고 기다리는 편이 나을 때가 있다. 작은 생선을 빨리 익히려고 센 불에 이리저리 자주 뒤집다 보면 제대로 요리가 되지 않는 것과 마찬가지이다. 조급할수록 해로운 일이 더 생길 수 있다. 기다려주는 것이 힘이 들긴 하지만 그 시간이 지나면 온전한 결과가 나타날 수도 있다. 함부로 자기 욕심대로 마구잡이로 하다 보면 생각지도 않은 많은 부작용이 나타날 수가 있다.

사람 간의 관계도 마찬가지가 아닐까 싶다. 내 맘에 들지 않는다고 그 사람에 대해 불평하고 자꾸 비난하면, 그 관계 자체에 문제가 생길 수 있다. 그저 간섭하지 않고 있는 그대로 기다려주는 것이 훨씬 좋은 경우가 있다. 누군가가 나에게 아무리 좋은 이야기라도 똑같은 말을 계속하게 된다면 잔소리밖에 되지 않는 것과 마찬가지이다.

내가 강요하고 억압한다고 해서 상대방이 변한다는 것은 좀처럼 일어나지 않는다. 오히려 나의 행동이 바뀔 때 상대의 태도가 변할 가능성이 더 높다. 그냥 그대로 내버려 두는 것이 그 사람을 더 많이 사랑하는 것일 수 있다. 나의 욕심을 채우는 것이 사랑이 아니다. 그를 있는 그대로,

약하면 약한 대로 강하면 강한 대로, 그 모습 자체로 받아들이고 내버려두는 것이 진정으로 그 사람을 생각하는 것일 수 있다. 사랑하기 때문에 그만큼 믿고 맡길 수 있는 것이 아닐까?

모든 것이 모이는 곳

물은 높은 곳에서 낮은 곳으로 흘러 결국은 바다에 모두 모이게 된다. 모든 물이 만나는 곳, 그곳이 바로 가장 낮은 곳인 바다이다. 물은 낮은 곳에서 높은 곳으로 절대 흐르지 않는다.

사람도 마찬가지이다. 자신을 낮추고 항상 겸손한 사람에게 많은 사람이 모이기 마련이다. 자신이 잘났음을 나타내려 하고, 다른 사람을 자신보다 낮게 생각하는 사람에게는 많은 사람이 모이지 않는다. 설령 그자가 강하더라도 일시적으로는 어떤 이익을 위하여 그에게 모일지 모르나 그것도 한순간일 뿐이다.

도덕경 61장은

大國者下流, 天下之交,
天下之牝, 牝常以靜勝牡,
以靜爲下, 故大國以 下小國,
則取小國, 小國以下大國,
則取大國, 故或下以取,
或下而取, 大國不 過欲兼畜人,
小國不過欲入事人,
夫兩者各得其所欲,
大者宜爲下.

대국은 하류이며

천하 만물이 만나는 곳이니,

천하의 빈이다.

빈은 항상 고요한 것으로써 무에 이기고,

고요한 것으로써 겸하한다.

그러므로 대국이 소국에 겸하하면 곧 소국을 취하고,

소국이 대국에 겸하하면 곧 대국을 취한다.

그러므로 혹은 겸하하여 취하기도 하고,

혹은 아래에 처하므로 취하여지기도 한다.

대국은 백성을 겸양하려는 것이고,

소국은 큰 데 들어가 남을 섬기려는 것이니,

대저 양자가 각각 그 원하는 바를 얻으려 하면,

대국이 마땅히 겸하해야 한다.

　국가 간에도 마찬가지이다. 자신의 힘을 믿고, 다른 나라를 억압하는 경우 그 나라는 신뢰를 잃는다. 힘이 있는 국가라 할지라도 자신의 힘을 과시하지 않고 다른 나라를 강요하지 않으며 스스로 낮추는 나라가 다른 나라의 믿음을 얻어 그 나라와 항상 좋은 관계를 유지하려고 할 것이다.
　힘이 작은 국가도 스스로를 낮추어야 한다. 힘이 없는데도 불구하고 자신을 낮추지 않는다면 대국의 힘에 당연히 무릎을 꿇을 수밖에 없을 것이다. 힘이 있건, 힘이 없건 자신을 낮추는 자세야말로 가장 현명한 선택이라 할 것이다.
　자신을 낮추는 것이 그리 쉬운 것은 아니다. 자신의 힘이 조금이라도 있을 것 같으면 그것을 발휘하고 싶어 하고, 내세우려는 마음이 인지상정일 수 있다. 하지만 그 길을 취하지 않고 계속 자신을 낮추려 노력하기가 비록 쉽지는 않지만 진정한 강한 자로 남을 수 있는 것이 아닐까 싶다.

선한 마음으로

사람들은 내면에 두 가지의 면이 공존해 있는 것 같다. 처음부터 완전히 선한 사람도, 완전히 악한 사람도 없다. 살아가면서 그의 선함은 자신의 의지에 달린 것이 아닌가 싶다. 나 자신도 평상시엔 착한 모습으로 지내다가도, 어느 때엔 나도 모르게 갑자기 악한 감정이 끓어 올라 화를 참지 못하고 터뜨리는 경우가 많다. 군대에서 심한 굴욕과 강요에 내 자신이 파괴되는 경우도 있었고, 오랜 시절 혼자서 많은 일을 겪으며 모든 것을 스스로 해결해야 하는 과정에서 나도 모르게 나의 악한 내면의 모습들이 커진 것도 사실이다. 그러한 선하지 못한 나의 내면이 주위의 환경에 인내를 하지 못하고 갑자기 터져 나오는 경우도 많았다.

요즘 그러한 나의 모습을 계속 되돌아보며 나의 악한 모습들을 선한 모습으로 바꾸어 가야 한다는 간절한 마음이 생긴다. 더욱 인내하고, 더욱 단련하여, 나의 내면을 온전히 선한 모습으로 계속 유지할 수 있는 훈련을 하고, 매 순간을 선한 마음으로 살아가야 한다는 마음이 간절해진다. 물론 그것이 그리 쉽지는 않지만, 매일 마음을 다잡고 훈련하고 연습하다 보면 언젠가는 정말 선한 사람으로 변해 있기를 바랄 뿐이다.

요즘은 아시시의 성 프란치스코 신부에 대한 책들을 많이 읽고 있다. 어떻게 해서 성 프란치스코는 그런 아름다운 삶을 살다가 갔을까? 그의 삶을 보고 배워 나도 그 정도는 아니겠지만 조금이라도 그의 모습을 닮아 가려 한다. 지나간 나의 악한 모습들을 하루속히 털어 버려야 하는 게 나의 요즘 숙제이다.

가만히 있는다고 해서 나의 악한 모습이 선한 모습으로 저절로 바뀌는 것은 아니다. 나름대로 뼈를 깎는 노력과 열심을 내야 가능하다. 일단 그러한 나의 모습을 인지하고, 선함이라는 것을 이해하고 알고 깨우쳐야 보다 좋은 모습으로 변할 수 있을 것이다. 지난 세월을 돌이켜 보면 좋지 않은 일들, 고통스러웠던 일들, 힘들었던 일들, 속상했던 일들이 누적되어 나 자신이 선하지 못한 쪽으로 계속 치우쳐 갔던 것 같다. 이제 그것을 인식하니 하루 속히 다시 방향을 전환하여야 할 때다.

노자 62장에 보면 선한 사람이건 선하지 않은 사람이건 상관없이 도는 보편적이라고 한다. 즉, 도란 사람들의 선악 판단을 넘어선다는 것이다. 착한 사람이건 나쁜 사람이건 추구할 가치란 뜻이다. 선한 사람은 물론 선하지 않은 사람도 반성과 노력으로 도에 이르도록 노력할 필요가 있다는 뜻이다. 비록 나에게 악한 면이 있지만, 매 순간 선한 마음을 갖도록 노력을 할 필요가 있을 것이다.

노자는 이야기한다. 말을 예쁘게만 해도 시끄러운 시장에서도 사람들이 주목을 하고, 행동을 아름답게만 해도 사람들이 우러를 것이라고. 이러한 조그마한 노력들이 나를 좀 더 선하게 만들어 갈 수 있을 것 같다.

노자는 또한 선한 사람은 계속하여 도를 구하면 만사형통에 이르고, 선하지 않은 사람도 자신의 마음을 바로잡아 노력한다면 고통에서 서서히 벗어날 수 있다고 한다. 바로 지금 내가 당연히 해야 할 일이 아닐까 싶다.

道者, 萬物之奧,
善人之寶, 不善人之所保.
美言可以市, 尊行可以加人.
人之不善, 何棄之有!
故立天子, 置三公,
雖有拱璧以先駟馬,
不如坐進此道.
古之所以貴此道者何?

不曰求以得, 有罪以免邪?
故爲天下貴?

도라는 것은 만물의 오인데, 선인의 보배이며, 불선인의 보배로 삼는 바이다. 훌륭한 말은 진실로 팔 수 있고, 훌륭한 행실은 진실로 남에게 가할 수 있다. 사람의 불선함도 버릴 것이 어디 있겠는가. 그러므로 천자를 세워서 삼공을 둘 때에는 공벽으로 사마에 앞세움이 있다 해도, 앉아서 이 도를 나아가게 함만 같지 못하다. 옛날부터 이 도를 귀하게 여기는 까닭은 무엇인가. 구하면 얻고, 죄가 있으면 면한다고 하지 않느냐. 그러므로 천하의 존귀한 것이라 하는 것이다.

성경에도 비슷한 말이 로마서에 있다. 그 구절은 바로
"악에게 지지 말고 선으로 악을 이기라. Do not be overcome by evil, but overcome evil with good(Rom. 12:21)"

히틀러에게 대항했던 독일의 신학자였던 본 회퍼는 악에 철저히 대항하였다. 미친 운전기사는 모든 승객을 다 죽일 수 있다며 운전기사를 그 자리에서 끌어내려야 한다며 본 회퍼는 악에 당당하게 맞서 싸웠다. 그가 감옥에서 지은 "선한 능력으로"란 노래가 있다.

그 선한 힘에 고요히 감싸여
그 놀라운 평화를 누리며
나 그대들과 함께 걸어가네
나 그대들과 한 해를 여네

지나간 허물 어둠의 날들이
무겁게 내 영혼 짓눌러도

오 주여 우릴 외면치 마시고
약속의 구원을 이루소서

그 선한 힘이 우릴 감싸시니
믿음으로 일어날 일 기대하네
주 언제나 우리와 함께 계셔
하루 또 하루가 늘 새로워

죽에서 밝히신 작은 촛불이
어둠을 헤치고 타오르네
그 빛에 우리 모두 하나 되어
온 누리에 비추게 하소서

선한 힘이 우릴 감싸시니
믿음으로 일어날 일 기대하네
주 언제나 우리와 함께 계셔
하루 또 하루가 늘 새로워

이 고요함이 깊이 번져갈 때
저 가슴 벅찬 노래 들리네
다시 하나가 되게 이끄소서
당신의 빛이 빛나는 이 밤

선한 힘이 우릴 감싸시니
믿음으로 일어날 일 기대하네
주 언제나 우리와 함께 계셔
하루 또 하루가 늘 새로워

그는 비록 감옥에서 죽었지만, 그의 선한 영성은 아직도 우리의 가슴에 남아 있다.

비록 본 회퍼 정도의 수준은 아닐지라도 내 자신의 내면에 있는 나의 악한 모습이라도 하루속히 끌어 내려 온전한 선한 모습의 나로 하루하루를 봄날의 꽃들처럼 아름답게 살고 싶다.

작은 것이 위대할 수도

대학원 과정을 시작했을 때 미국에서 처음 들었던 과목은 대학원과정 역학, 전자기학, 양자역학 그리고 외국학생을 위한 영작문이었다. 역학은 콜럼비아에서 태어나서 UCLA에서 학위를 하신 Cadavid 교수님이었고, 전자기학은 체코 출신의 Peric 교수님이었다.

Cadavid 교수님은 여성이었는데 당시 40대 초반으로 quantum gravity를 전공하셨고, 지도교수가 그 분야에서 상당히 유명한 Robert Finkelstein이었다. 미국에서 처음 들었던 과목이라 잘 알아듣지는 못했지만, 그래도 판서 위주로 수업을 진행하셔서 이해하는데는 별 문제가 없었다. 하지만 Cadavid 교수님의 과제는 매우 어려웠다. 수업을 일주일에 두 번 했는데 매주 과제를 5문제씩 내 주셨다. 비록 5문제였지만 그 것을 해결하는데 보통 2~3일은 족히 걸렸다.

전자기학은 교재가 Jackson이었는데 과제가 교과서의 매 chapter에 있는 문제를 풀어서 제출해야 했는데 문제의 난이도가 상당히 어려웠다. 양자역학도 Doty 교수님이 가르치셨는데 그것 또한 만만한 숙제가 아니었다. 과제가 그냥 평이한 문제는 거의 없었다. 특히 Cadavid 교수님의 과제는 도대체 어디서 그런 문제를 찾아 내시는 건지 도서관에 가서 고전 역학 책을 모조리 뒤져 봐도 비슷한 문제를 찾을 수가 없었다. 나중엔 어차피 다른 책들을 참고하려고 소용없기에 다 포기하고 계속 그 문제를 생각하면서 스스로 푸는 것이 훨씬 낫다는 것을 알게 되었다.

어떤 문제는 문제 자체가 이해가 되지 않았다. 도대체 무엇을 묻는 건지 과제를 수없이 읽어봐도 감이 안 왔다. 문제를 이해해야 풀수 있는 것인데 이해가 안 되니 시작도 못하는 경우가 계속 되었다. 나중에는 문제를 하도 많이 읽어서 5문제 전체가 아예 통째로 다 외워져서 걸어다니거나 밥을 먹을 때, 잠을 자려고 누워있을 때도 그 문제를 계속 생각할 수 있었다. 그러다 보면 갑자기 아이디어가 생각나 그 자리에서 바로 연습장에 풀어 나기기 시작했다. 그러면 이상하게도 문제가 풀리는 것이었다. 정말 신기한 경험이었다. 대학 다닐때도 한번도 그런적이 없었다.

일주일이 세 과목의 과제 15문제 푸는 일도 다 지나가 버리곤 했다. 다른 것을 할 수 있는 시간적 여유가 없었다. 문제 풀다가 지쳐서 쉬고 싶을 때 텔레비전을 켜고 아무 생각없이 보다가 다시 책상으로 가서 문제를 풀곤 했다. 5문제를 풀어 과제를 제출할 때 보면 항상 풀이 과정이 20~30페이지 정도가 되었다. 어떤 경우는 30페이지가 넘는 경우도 있었다. 글씨를 조그맣게 빈칸 없이 써서 내는데고 그 정도의 페이지가 나왔다. 중간에 사소한 계산 과정은 다른 종이에 하고 버린 상태에서 중요한 과정만 제출하는 데도 그 정도의 페이지가 되었다.

그렇게 10번 정도의 과제를 하다 보니 한 학기가 훌쩍 다 지나가 버렸다. 과제 풀다가 한 학기가 다 지나간 듯한 느낌이었다. 물론 중간에 중간고사하고 기말고사를 봤지만 과제나 별반 차이가 없었다.

그 다음학기에도 마찬가지였다. Cadavid 교수님의 입자 물리학 과제는 더 심했다. 학생들이 너무 어려워하니까 교수님이 정규 수업시간 말고 따로 저녁 시간에 두 시간을 매주 보충 수업 형식으로 진행하셨다. 그렇다고 해서 월급이 더 나오는 것도 아닌데도 퇴근도 늦게 하시면서 학생들이 특히 어려워 하는 부분을 더 자세하게 설명하셨다.

그렇게 1년 반, 그러니까 3학기 정도가 지났다. 뭔가 신기한 변화가 생기는 것 같았다. 물리학 교과서가 예전과 다르게 보였다. 어떤 체계 비슷한 것이 잡히는 것 같더니 이제 나 혼자서도 많을 것을 이해하고 해결해 나갈 수 있다는 그런 자신감이 생겼다. 다른 사람 도움없이 무언가를 해보고 싶다는 그런 느낌이라고 할까? 경험은 없지만 맹인이 갑자기 눈이 떠지면 그런 느낌이 아닐까 싶은 생각이 들었다. 매주 풀었던 5문제의 과제는 결코 사소한 것이 아니었다는 것을 깨달았다. 아니 어쩌면 정말 위대한 과정이었는지 모른다.

도덕경 63장은

爲無爲, 事無事, 味無味.
大小多少, 報怨以德.
圖難於其易, 爲大於其細.
天下難事, 必作於易,
天下大事, 必作於細.
是以聖人終不爲大,
故能成其大.
夫輕諾必寡信,
多易必多難.
是以聖人猶難之,
故終無難矣.

무위를 행하고
일이 없음을 경영하고
맛없는 것을 맛으로 삼는다.
작은 것을 크게 하고,
적은 것을 많게 하고,
원한을 갚기를 덕으로써 하라.
어려운 일을 그 쉬운 데서 도모하고,
큰 것을 그 사소한 데서부터 행한다.
천하의 어려운 일은 반드시 쉬운 데서 일어나고,
천하의 큰 일은 반드시 사소한 데서 일어난다.

그러므로 성인은 결코 큰 것을 행하려 하지 않으며,
그러기에 능히 그 큰 것을 성취한다.
대저 경솔한 승낙은 반드시 신뢰도가 낮고,
쉽게 하는 것이 많으면 반드시 어려운 것이 많다.
그러므로 성인은 모든 일에 신중을 기해 어렵게 생각한다.
그러기에 실제로는 별로 어려움이 없다.

   무위를 행한다는 것, 일이 없음을 경영한다는 것, 맛없는 것을 맛으로 삼는다는 것, 평범한 것 같고 사소한 것 같지만 결코 그런 것이 아니다. 폭포 위에서 떨어지는 물 한방울이 아무런 힘이 없어 보일지 모르나 세월이 흐르면 바위를 뚫어낼 수가 있다. 사소한 것이 어쩌면 가장 위대한 것일지 모른다. 오늘 하루가 어쩌면 내 인생에서 가장 중요한 날 일지 모른다. 아무것도 하고 있는 것 같지만, 그런 하루가 모여 내 인생이 만들어지는 것 같다. 오늘 하루 어떤 일이 일어날지 모르지만 사소하다 생각하지 않고 겸손하게 내가 할 수 있는 것을 하면 되는 게 아닌가 싶다. 오늘 하루도 나의 인생에 있어서 결코 사소한 하루가 아닐 것이다.

안되는 건 안될텐데

학교 다닐 때나 군대 있을 때 가장 많이 들었던 말 중의 하나는 "하면 된다", "안되면 되게 하라" 라는 말이었다. 특히 군대에서 "안되면 되게 하라"라는 말을 들었을 때마다 나는 솔직히 그 말이 마음에 와 닿지 않았다. 안되는 걸 되게 하려다 오히려 더 큰 일을 불러일으킬 가능성도 있고, 안되는 걸 계속 하느니 차라리 다른 것을 하는 것이 더 나을지도 모른다는 생각이 들곤 했었다. 물론 군인정신을 키우기 위한 하나의 방법이라는 것을 이해는 하겠지만, 군인 정신을 키울 수 있는 방법은 다른 방법으로도 얼마든지 많았을 것이다.

살아가면서 돌이켜 보면 물론 열심히 해서 되는 것도 많이 있지만, 안되는 걸 계속해서 하려다가 더 큰 것을 잃은 경우도 많다. 할수 있는 것과 할 수 없는 것을 구분하는 것이야말로 진정한 지혜가 아닐까 싶다. 나에 대해 정확히 알고 있다면 내가 할 수 있는 것은 도전하여 이루어 내고, 내가 할 수 없는 것이라 판단이 되면 일찌감치 그것을 하지 않고 그 시간에 다른 더 좋은 것을 얼마든지 할 수 있다.

대학원 박사과정 2년차 때 초전도체 내에서 자기선속의 운동을 컴퓨터 시뮬레이션 하는 프로젝트를 받았다. 박사 2년차 구술 고사에서 발표해야 할 프로젝트였다. 1년 내내 아무것도 못하고 컴퓨터 프로그램만 짰다. 내가 하고 싶은 것, 정말 중요하다고 생각하는 것을 할 시간이 없었다. 하고 싶은 공부를 하거나 읽고 싶은 논문을 전혀 하지 못했다. 이전에 컴퓨터 프로그램을 해본 적인 없는 나에게는 프로그램 코딩이 그리 쉽지도 않았고, 적성에도 맞지 않아 훨씬 많은 시간을 투자하더라도 결과가 그리 잘 나오지 않았다. 1년 후 구술 고사를 통과하고 나서 나는 깨

달았다. 프로그램 짜는 일은 내가 심혈을 기울여서 해야할 것이 아니라
는 것을. 그리고 미련 없이 컴퓨터 코딩을 더 이상 하지 않았다. 그리고
나서 다른 것을 하니 훨씬 효율적으로 좋은 결과들이 나왔고, 내가 하고
싶었던 것을 충분히 할 시간이 있었다. 만약 시뮬레이션 하는 쪽으로 계
속해서 박사과정을 했더라면 아마 좋은 결과들을 얻어내지 못했으리라.

도덕경 64장은

其安易持, 其未兆易謀,
其脆易泮, 其微易散.
爲之於未有 治之於未亂.
合抱之木, 生於毫末,
九層之臺, 起於累土,
千里之行, 始於足下.
爲者敗之, 執者失之.
是以聖人無爲故無敗,
無執故無失.
民之從事, 常於幾成而敗之.
愼終如始, 則無敗事.
是以聖人欲不欲, 不貴難得之貨,
學不學, 復衆人之所過.
以輔萬物之自然而不敢爲.

그 안정된 것은 유지하기 쉽고,
그 징조가 나타나지 않은 것은 도모하기 쉽다.
그 무른 것은 녹이기 쉬우며,
그 미세한 것은 흩뜨리기 쉽다.

일은 생기기 전에 처리하고,
어지럽기 전에 다스린다.
한아름 되는 나무도 호말에서 생기고,
9층의 누대도 한 삼태기의 흙에서 일어나고,
천리의 길도 발밑의 한 걸음에서 시작된다.
작위하는 자는 실패하고,
꽉 잡으려는 자는 놓친다.
그러므로 성인은 작위하지 않으므로 실패하지 않으며,
집착하지 않으므로 잃지 않는다.
백성들이 일을 할 적에,
항상 거의 다 되어 가다가 실패한다.
끝을 조심하기를 처음과 같이 하면,
곧 일에 실패하는 경우가 없다.
그러므로 성인은 무욕을 원하고,
얻기 어려운 재화를 귀히 여기지 않으며,
배우지 아니함을 배우고,
많은 사람의 잘못하는 바를 회복하고,
그리하여 만물의 자연을 도울 뿐 작위하지 않는다.

노자가 이야기하는 작위하는 자는 실패하고 꽉 잡으려는 자는 놓친다는 것은 안되는 걸 되게 하려는 경우에 나타나는 일들이다. 객관적인 눈으로 볼 수 있을 때 오히려 더 큰 것을 이룰 수 있다는 것을 노자는 알았다. 그것이 바로 순리 즉 자연의 이치이다. 양전하는 음전하를 잡아당기고 양전하를 밀어낸다. 양전하의 주위에 양전하를 놓고 잡아당기라고 해 봤자 그것은 불가능하다.

무엇이 불가능한 것이고 어떤 것이 가능한 것인지 그것부터 파악하는 것이 훨씬 더 큰 것을 위한 바탕이 아닐까 싶다. 노자는 얻기 어려운 것은 귀히 여기지 않는다고 했다. 내가 평생 노력해도 되지 않는 것을 위해 나의 시간과 에너지를 낭비한다면 시간이 다 지나가서 얻는 것도 없을뿐더러, 그 시간에 할 수 있는 다른 것도 이루지 못한다.

앞으로 나는 내가 할 수 있는 것만 하려고 한다. 할 수 없는 것은 바라지도 않을 생각이다. 물론 오래전부터 그런 생각을 어느 정도 해온 것이 사실이기는 하나, 이제 확실히 마음을 정했다. 내가 할 수 있는 것만 하기에도 시간이 부족하다. 괜히 해도 되지 않는 것을 하다가 모든 것을 놓칠 것 같은 마음이 자꾸 든다.

사람과의 관계도 마찬가지다. 나와 함께 하려는 사람과 나의 시간을 보내려 한다. 나를 탐탁치 않게 생각하는 사람들과 시간을 보내려다 오히려 그 시간들이 더 안 좋은 순간들로 채워져 갈 수 있다. 나를 있는 그대로 받아주고 같이 있는 시간이 편한 사람들은 얼마든지 많이 있다. 나의 단점만을 얘기하고 나의 안 좋은 점만 비판하는 사람들과 논쟁을 벌일 시간도 나에게는 아깝다. 사람은 변하지 않기 때문이다. 변하려고 노력하는 사람이라면 기꺼이 그런 노력을 할 수 있겠지만 그렇지 않을 경우에는 더 이상의 논쟁은 소중한 시간이 아무런 의미없이 사라져 가는 것뿐이다. 안되는 것에 목숨을 걸거나 미련을 갖지 말고, 이제 남은 시간엔 되는 것만 하려 하니 마음은 가볍다. 그렇게 하더라도 나에겐 시간이 부족하다.

가벼운 지혜

자신이 똑똑하다고 생각하는 사람은 진정으로 지혜로운 자가 아니다. 자신이 알고 있는 것이 절대적이라고 생각하는 사람일수록 아직 모르는 것이 많은 자이다. 자신이 옳다고 강하게 주장하는 사람일수록 자신의 어리석음을 증명하는 것과 마찬가지다.

가벼운 지혜를 가지고 있는 자들이 많은 사회일수록 어지러운 사회이다. 진정으로 무거운 지혜를 가지고 있는 자들이 많은 사회일수록 성숙한 사회라 할 수 있다.

도덕경 65장은

古之善爲道者,
非以明民, 將以愚之.
民之難治, 以其智多.
故以智治國, 國之賊,
不以智治國, 國之福.
知此兩者, 亦稽式,
常知稽式, 是謂元德.
元德, 深矣! 遠矣!
與物反矣!
然後乃至大順.

옛날의 도를 잘 닦은 자는

백성들을 총명하게 하려하지 않고,
장차 이를 어리석게 하려 했다.
백성들을 다스리기 어려움은
그들에게 지혜가 많기 때문이다.
그러므로 지혜로써 나라를 다스리는 것은 나라의 적이고,
지혜로써 나라를 다스리지 않음은 나라의 복이다.
그런데 이 두 가지를 아는 것도 또한 법도니,
항상 이 법도를 아는 것, 이를 현덕이라 한다.
현덕은 깊고도 멀어서 세속과는 반대인데,
그런 후에야 대순에 이른다.

어떤 권력 집단이든 한계가 있기 마련이다. 그 권력 집단이 가지고 있는 지식과 능력으로 백성을 다스리려 할 때 많은 문제가 생길 수 있다. 어떤 정책도 완벽한 것은 없다. 그 정책에 대항하여 또 다른 방법을 백성들은 만들어내기 마련이고, 거기에 또 다른 정책을 만들면, 또 다른 방법을 국민은 생각하기 때문이다.

그저 본을 보이고 순리적으로 모든 걸 풀어가는 것이 가장 현명한 방법이 된다. 어떤 엘리트 집단의 지혜라 할지라도 국민 전체의 창의력을 이길 수는 없다. 그저 국민이 국가를 믿고 스스로 인정하는 것만큼 좋은 것은 없다.

우리는 권력 집단이든 백성이든 가벼운 지혜를 지양해야 한다. 보다 더 큰 것을 위해 무겁고 깊이 있는 지혜를 가지려고 노력해야 할 필요가 있다. 하지만 그것은 쉬운 일이 아니다. 항상 자신을 그 가벼운 지혜로 나타내려는 본능이 있기 때문이다. 하지만 그것을 넘어서야 한다. 그것이 진정으로 지혜로운 자의 길이다.

자신을 낮추면 다툼이 없다

다툼은 우리의 모든 에너지가 소모되어 진이 다 빠져 나간다. 어떠한 다툼이건 그것은 우리에게 유익한 것보다 무익한 것이 대부분이다. 어떤 문제를 다투지 않고도 해결할 수 있는 방법이 많이 있는데도 대부분의 경우 그 길을 선택하지 않는다.

물론 다투어 따져서 자신의 이익이나 본인이 원하는 것을 얻을 수는 있다. 하지만 삶이라는 것이 거기서 끝나는 게 없다. 당시의 승리는 일시적일 뿐이다. 그것이 더 큰 부메랑이 되어 나중에 몇 배의 더 커다란 아픔으로 돌아올 수도 있다. 역사적으로 볼 때 그 누구도 영원한 승자는 없었다.

도덕경 66장은

江海所以能爲百谷王者,
以其善下之.
故能爲百谷王.
是以欲上民, 必以言下之,
欲先民, 必以身後之.
是以聖人處上而民不重,
處前而民不害.
是以天下樂推而不厭.
以其不爭, 故天下莫能與之爭.

강과 바다가 백곡의 왕인 까닭은,
그것이 진실로 겸하함으로써
능히 백곡의 왕인 것이다.
그러므로 백성들의 위에 서려고 하면
반드시 말로써 이에 겸하고,
백성들의 앞에 서려고 하면
반드시 몸으로써 이의 뒤에 선다.
그러기에 성인은 뒤에 있어도
백성들이 무겁다고 하지 않으며,
앞에 있어도 백성들이 방해한다고 하지 않는다.
그러므로 천하가 그를 추대하기를 즐거워하며 싫어하지 않는다.
누구하고도 싸우려 하지 않으므로
천하에 이와 능히 싸울 자가 없다.

다투지 않기 위한 가장 좋은 방법은 무엇일까? 노자는 자신을 낮추는 것보다 더 나은 방법은 없다고 말하고 있다. 내려놓는다는 말이다. 자신의 생각과 판단이 있지만, 그것을 고집한다고 해서 엄청나게 좋은 것이 돌아오지 않는다. 물론 여러모로 노력하여 본인이 원하는 것을 얻는다 하더라도 그 순간 뿐이다. 시간이 지나면 사실 아무것도 아닌 것이 너무나 많다.

우리는 우리 주위에 있는 사람들과 함께 하며 가는 것이 가장 좋다. 함께 하기 위해서는 나 자신을 내세우고 주장하기 보다 조금 더 양보하고 다른 이들을 위해 배려하는 것이 현명하다.

우리가 얻고자 하는 것을 얻지 못한다고 해서 우리의 삶이 엄청 달라지는 것도 아니고, 우리가 하고자 하는 것을 못했다고 해서 우리 인생이 실패하는 것도 아니다. 시간이 지나 나중에 돌이켜 보면 삶에는 그다지 큰 차이가 없다. 그 조그만 것을 위해 다투고 애쓰는 것은 우리 삶 전체를 힘들게 만들 수도 있다. 내 자신을 조금만 더 낮추면 훨씬 더 큰 것을 얻을 수 있다는 것을 항상 마음속에 새길 필요가 있지 않을까?

각자의 보배

우리는 살아가면서 가장 중요하게 생각하는 것이 있다. 그것이 무엇이냐에 따라 우리의 삶이 달라질 수 있다. 돈을 가장 중요하게 여기는 사람은 모든 것이 돈이 기준이 되어 생각하게 되고, 행동할 수밖에 없다. 말하는 것도 돈에 대한 것이고, 만나는 사람도 돈과 관계되는 사람들일 수밖에 없다.

가장 중요하게 생각하는 것이 권력이라면 그것 또한 마찬가지이다. 어떻게 권력을 얻을 수 있을지 그것만 생각하게 되고, 그 권력을 얻기 위해 모든 것을 집중시킨다.

노자가 가장 중요하게 생각하는 삶의 보배는 무엇이었을까?

도덕경 67장은

天下皆謂我道大, 似不肖.
夫唯大, 故似不肖.
若肖久矣, 其細也夫!
我有三寶, 持而保之,
一曰慈,
二曰儉,
三曰不敢爲天下先.
慈故能勇, 儉故能廣,
不敢爲天下先, 故能成器長.
今舍慈且勇, 舍儉且廣,

舍後且先, 死矣!
夫慈, 以戰則勝, 以守則固.
天將救之, 以慈衛之.

천하가 모두 이르기를 나의 도가 거대하여
같지 않다고들 한다.
대저 오직 크기 때문에
같지 않게 보일 수밖에 없다.
만일 현명하다면 그 작은 것이 오래였으리라.
나에게 세 가지 보배가 있다.
잘 간직하여 이를 보배로 삼는다.
그 첫째는 자비요,
둘째는 검소함이요,
셋째는 감히 천하의 앞장이 되지 않는 것이다.
자비하므로 능히 용기가 있으며,
검소하므로 능히 널리 베풀 수 있고,
감히 천하의 앞장이 되지 않으므로
능히 기량 있는 자의 우두머리가 된다.
그런데 지금 사람들은 자비를 버리고 용감하려 하고,
검소를 버리고도 널리 베풀려고 하고,
뒤에서 따르지 않으면서 또한 앞장서려고 하는데,
그러면 죽을 것이다.
대저 자비는 이것으로 싸우면 곧 이기고,
이것으로 지키면 견고하다.
하늘이 장차 이를 구하고자 자비로써 이를 지킨다.

　노자는 자비와 검소함, 그리고 세상 사람들 앞에 나서지 않는 것을 가장 중요하게 생각했다. 자비는 모든 것을 포용할 수 있다. 이로 인해 마음에 평안이 온다. 우리가 자신과 생각이나 마음이 다른 사람과 많이 갈등을 하게 되는데 자비로운 마음, 자애의 마음이 있다면 그러한 모든 것을 받아들일 수 있어서 마음이 한결같이 평화로울 수 있다. 노자 또한 마음의 안정과 평안을 중히 여겼을 것으로 생각된다.

다른 사람에게 베풀기 위해서는 내가 무언가를 가지고 있어야 한다. 사람이 버는 데 한계가 있으므로 노자는 사람들이 가지고 있는 것을 검소하게 아껴서 그것으로 다른 사람에게 베풀기를 원했다.

또한 노자는 다른 사람 앞에 나서서 무언가를 하지 않으려 했다. 그저 자신이 해야 할 일만 하고 자신을 나타내려 하지 않았다. 다른 사람 앞에 나서면 그에 따른 여러 가지 일들이 나타날 수밖에 없다. 그것은 어쩌면 우리 인생의 에너지를 낭비하는 것이 될 수도 있다.

노자가 생각하는 가장 중요한 것이 우리와 조금 다를 수도 있겠지만, 우리도 우리 인생에서 가장 중요한 무언가를 항상 마음속에 새겨두어야 한다. 그것이 우리의 인생을 결정할 수 있는 가장 중요한 것이 될 수 있기 때문이다. 각자 자신이 가지고 있는 보배로 우리들의 삶을 아름답고 가치 있게 만들어 가는 것은 우리 각자의 몫이 아닐까 싶다.

내 자신을 버릴 때

예전에는 시간을 쪼개가면 많은 것을 하려 했다. 무언가를 한다는 것이 의미가 있는 것으로 생각했다. 목표를 정하고 그것을 달성하기 위해 시간을 아껴가며 노력하는 것이 열심히 사는 것이라 생각했다. 그 목표를 위해 달성하기 위해 다른 것을 생각하기 않고 주위도 바라보지 않고 내 자신도 돌아보지 않으면서 생활하는 것이 나에게 주어진 삶의 최선이라 생각했다. 하지만 그럼으로써 내 자신이 망가져 감을 인식하지 못했다. 나를 객관적으로 파악을 하지 못하고 나의 단점을 그냥 무시한 채 앞만 보고 달리다 보니 얻은 것도 있었지만 잃은 것도 너무나 많았다. 그 잃은 것들이 나에게 뼈아팠다.

하지만 무언가를 하는 것보다 아무것도 하지 않고 내 자신을 돌아보며 생각을 더 많이 하는 것이 더 중요한 것 같다. 스스로 무언가를 해서 내가 원하고자 하는 것을 얻기 보다는 다만 바라보고 물 흐르듯 많은 것을 맡겨 두는게 더 낫다는 생각이 든다.

도덕경 68장은

善爲士者不武,
善戰者不怒,
善勝敵者不與,
善用人者爲之下,
是謂不爭之德,
是謂用人之力,

是謂配天.

古之極.

진실로 선비인 자는 사납지 않으며,

정말로 잘 싸우는 자는 화내지 않으며,

진실로 적을 이기는 자는 맞붙지 않으며,

사람을 잘 부리는 자는 자기를 낮춘다.

이것을 부쟁의 덕이라 하며,

이것을 남의 힘을 잘 활용하는 것이라 하며,

이것을 천도에 합한다 하거니와,

옛날부터 내려오는 무위의 법칙이다.

　노자가 말하는 무위는 단순히 아무것도 하지 않음을 뜻하는 것은 아니다. 그가 말하고자 하는 무위는 자연의 순리를 어긋나는 인위를 하지 않음을 뜻한다. 즉 인간의 지식이나 욕심으로 세상을 바꾸려 하지 않음을 말한다. 주위 사람이나 주위 환경을 자신이 바라는 대로 다 되게끔 애쓰려 하는 것을 피하라는 뜻이다. 오히려 그것이 더 큰 문제를 야기시킬 수 있기 때문이다.

　나도 많은 것을 내가 생각하는 것이 옳다고 여겨 그것을 위해 무리수를 두어 살아온 것 같다. 그러한 무리수가 당시에는 합당하다고 생각되었으나 지나고 나서 보면 그렇지 않은 경우가 너무나 많았다.

　왜 이런 생각을 당시에는 하지 못했을까? 이유는 간단하다. 내가 어리석었기 때문이다. 내가 옳다고 생각하는 아집때문이었다. 이제는 내 자신을 버릴때다. 내 자신을 버려야 그 어리석었던 길을 다시 가지 않을 수 있다. 나를 다 버리고 내 자신의 존재의 미미함만을 가지고 살아가야겠다는 생각이 든다.

법구경에는 이런 말이 있다

"감정의 즉각적인 대응을 초월한 사람이 있다.
그는 땅처럼 인내하며,
분노와 두려움의 불길에 휩싸이지 않고,
기둥처럼 흔들림 없고,
고요하며 조용한 물처럼 동요치 아니한다."

 내 자신을 버림으로 감정을 초월할 수 있기를 바란다. 내 감정은 내가
아니다. 나의 일부일 뿐이다. 나의 일부가 나의 전부가 되면 안된다. 물
처럼 동요하지 않고 그냥 흘러가야만 하려 한다. 내가 주위사람들을 바
꾸고, 모든 것을 나의 마음대로 해 나가고자 할 때 무위의 법칙은 깨진
다. 그 아픔은 나의 아픔일 뿐만 아니라 모든 이의 아픔이 될 수도 있다.
 노자가 얘기하는 "도(道)" 는 자연의 원리일지도 모른다. 자연의 법칙
그것이 바로 신의 뜻이 아닐까 싶다. 내 자신을 버리는 게 아마도 신의
뜻인 듯 하다. 봄비가 내리고 있다. 촉촉한 봄비가 대지를 적시고 있다.
내 자신을 버리려 하니 내 마음에도 봄비가 촉촉이 내리는 것 같다.

손님으로 족하다

　남의 집 살이를 많이 하기도 했다. 대학 입학해서 서울로 온 이후로 해마다 한 번씩 이사를 했던 것 같다. 싼 월세방을 찾아 살다가 연탄가스도 많이 마시며 살았다. 물론 당시에도 좀 비싼 월세방은 연탄이 아니었다. 어렸을 때 겨울이면 어머니께서 밤이건 새벽이건 할 것 없이 매일 연탄을 갈려고 주무시다가도 나가셔서 방 세군데의 연탄을 가는 걸 보면서 어린 나이에도 마음이 쓰렸다. 어머니 도와 준다고 연탄을 많이도 깨먹었다.

　자취할 때는 어렸을 적 어머니 연탄가는 것을 옆에서 지켜 봐서 그런지 몰라도 연탄불을 꺼뜨리지는 않았다. 나중엔 연탄을 갈 때 연탄 구멍을 아주 미세하게 조절을 하면 몇 시간 후에 다시 갈면 되는지 정확하게 시간 계산까지 되었다. 오전에 일어나 아침밥을 해서 먹고 그날 수업 일정을 확인하여 강의 끝나고 집에 몇 시에 올지 계산을 한 다음에 연탄을 갈았다. 연탄 구멍을 조절해서 잘 맞추어 놓고 학교에 갔다 오면 내가 예상한 것 만큼 연탄불이 남아 있었다. 자기 전에도 아침에 일어날 시간을 계산해서 연탄구멍을 맞추어 놓고 자면 아침에 일어나도 아직 연탄불이 꺼져 있지 않고 살아 있었다. 거의 예외없이 30분 전후로 연탄불을 조절할 정도가 되니 번개탄을 하나도 사지 않고도 한 달 이상 연탄불을 꺼뜨리지 않게 되었다.

　반지하에서 살 때는 집안의 곰팡이 때문에 가슴이 답답함을 많이 느꼈다. 벽 전체가 다 시퍼런 곰팡이였는데 아무리 닦아내도 며칠 후면 다시 곰팡이가 생겨 나중에 아예 포기하고 살았다. 나중에 시간이 지나서야 폐가 왠지 이상하고 숨쉬기가 좀 편하게 느껴지지 않았는데 그것이 바로 곰팡이 때문이라는 것을 알게 되었다.

미국에 가서도 남의 집 살이는 계속 되었다. 대학 기숙사는 남의 집 살이라고 하기는 그렇지만 어쨌든 미국에 도착해서 처음에는 학교 기숙사에서 살았는데 세계 온 나라에서 온 많은 학생들과 접하며 한국에서 경험하지 못한 무수한 일들을 겪었다. 기숙사가 너무 힘들어서 미국에 살고 계시는 한국 재미 교포 할아버지 할머니 집에서 방 하나를 얻어 살기도 했는데 그 때 정말 많은 것을 보고 경험했다. 버팔로에 가서는 미국 할아버지 할머니 집에서 같이 꼬박 1년을 살았는데 정말 완전히 미국 사람처럼 일년을 살았던 것 같다.

10년 이상을 그렇게 남의 집 살이를 했다. 그것이 나의 삶에 도움이 많이 된 것 같다. 내 집이 아닌 곳에서 살아가는 것이 어쩌면 나에게는 맞았는지 모른다. 내가 주인이 아니라는 생각으로 살 수 있었으니 말이다. 내가 주인이라는 생각은 나를 교만하게 만들기도 한다. 나는 지금 남의 집 살이는 하고 있지 않고 앞으로도 남의 집 살이는 하지 않겠지만, 내가 주인이 아니라는 생각을 할 필요를 느낀다. 그냥 손님처럼 살아야 하는 것이 어쩌면 더 현명한지도 모르겠다.

도덕경 69장은

用兵有言,
吾不敢爲主而爲客,
不敢進寸而退尺.
是謂行無行, 攘無臂, 扔無敵,
執無兵.
禍莫大於輕敵,
輕敵幾喪吾寶.
故抗兵相加, 哀者勝矣.

병법에 이런 말이 있다.
나는 감히 주인이 되지 않고 손님이 되며,
나아갈 때는 감히 한 치 전진하지도 않고,
물러날 때는 한 자 후퇴한다고 했다.
이것을 일컬어
가지 않음없이 가고,
팔이 없는데도 팔을 걷어붙이고,
적대함 없이 적을 내 편으로 만들고,
무기가 없는데도 적을 제압한다고 한다.
적을 가벼이 여기는 것보다 더 큰 화는 없으니,
적을 가볍게 보면 나의 보배는 거의 다 잃어버릴 것이다.
그러므로 거병하여 서로 칠때에도,
전쟁의 슬픔을 느끼는 자가 승리한다.

　나의 삶의 주인은 어쩌면 내가 아닐지도 모른다. 나는 우주의 어딘가로 부터 부여받은 나의 생명을 잠시 빌린 건지도 모른다. 나는 잠시 왔다가는 내 인생의 손님일 수 있다. 손님이기에 조심을 하고 살펴가며 살아야 한다는 생각이 든다. 연탄구멍을 조심스럽게 맞추어가면서 연탄을 갈듯이 나는 나의 삶의 주인 행세를 하지 말아야겠다는 생각이 든다.
　삶의 비애를 느끼지 전엔 내가 나의 삶의 온전한 주인으로 인식했다. 하지만 이제는 아니다. 주인이 아니기에 함부로 하지 않을 생각이다. 내 자신이 내 자신에게 있는 듯 없는 듯 조용하게 지내며, 아니온 것처럼 고요하고 낮게 살아야겠다는 생각이 든다. 나는 내 인생의 손님이요, 주인이 아니다. 나는 이제 그것으로 충분한 것 같다. 내가 없음으로 진정한 내가 존재할 수 있을 것 같다.

그를 찾아서

그는 너무 평범해서 잘 나타나지 않는다. 자신을 강하게 주장하지도 않고, 자신이 옳음을 강조하지도 않는다. 다른 사람에게 자신의 뜻을 관철시키려 하지도 않는다. 하지만 그는 알고 있다. 삶의 진리를.

그의 말은 진실되다. 거짓이 없고 일관성이 있다. 상황에 따라 자신의 이익을 따라 말을 바꾸지 않는다. 그는 새로운 세계를 열 수 있는 마음을 중하게 여긴다. 작은 것을 추구하지 않고 대의와 의리를 중하게 여긴다. 그의 알고 있다. 진리는 단순하다는 것을.

도덕경 70장은 말한다.

吾言甚易知, 甚易行.
天下莫能知, 莫能行.
言有宗, 事有君.
夫唯無知, 是以不我知.
知我者希,
則我者貴.
是以聖人被褐懷玉.

나의 말은 매우 알기 쉽고
매우 행하기 쉬운데도,
천하에 잘 아는 자도 없고
잘 행하는 자도 없다.

말에는 근원이 있고
일에는 통합적 원칙이 있다.
대저 나의 말을 알지 못하니,
그러므로 나를 알지 못한다.
나를 아는 자는 드물고,
나를 따르려는 자도 귀한지라,
그러므로 성인은 조의를 걸치고
구슬을 간직하고 있다.

　그의 옷은 남루할지 모르나 그의 마음에는 보물을 간직하고 있다. 그것은 바로 진정한 참나와 올바른 인생의 길을 갈 수 있도록 도와주는 등불과 같은 지혜이다.
　그는 많은 사람들이 원하는 것을 가르쳐 주지는 않는다. 그가 알려주려 하는 것은 오히려 많은 사람들이 관심이 없어하는 것이다. 그래서 그를 알려고 노력하는 사람이 그리 많지는 않다.
　이제 지나간 날들을 접어놓고 나는 그를 찾으러 길을 나선다. 앞으로의 그 길에 무엇이 있는지 나는 알 수 없지만 묵묵하고 담대하게 뚜벅뚜벅 걸어 갈 것이다. 그 길 위에서 나는 새로운 나를 만나고 변화된 나를 만날 것이다. 그를 찾아 가는 그 길이 나에겐 그 동안의 고통을 떨칠 수 있는 희망의 길이 되고 있다.

진정한 앎

인간의 앎은 한계가 있다. 우리는 모든 것을 다 알 수 없다. 그것인 인간 자체의 한계이며 유한성이다. 하지만 많은 경우 우리는 스스로 많은 것을 알고 있다고 착각하는 경우가 있다. 자신이 아는 것으로 모든 가능성을 배제하고 확신하여 판단한다.

진정한 앎은 자신의 모름을 인정하는 데 기반한다. 나는 아직 모르는 것이 너무나 많고 더 많이 배워야 하며 현재 내가 알고 있는 것이 전부가 아니기에 나의 생각과 판단이 잘못일 수도 있다는 가능성을 염두에 두는 것이 바로 진정한 앎의 세계다.

도덕경 71장은

知, 不知, 上,
不知, 知, 病,
夫唯病病,
是以不病,
聖人不病,
以其病病,
是以不病.

알면서도 알지 못한다고 하는 것이 최상이고,
알지 못면서도 안다고 하는 것은 병이다.
대저 오직 병을 병으로 생각하니,

그러므로 병이 아니다.
성인에게는 병이 없는데,
그 병을 병으로 생각하니,
그러므로 병이 없는 것이다.

 자신이 잘 알지 못하면서 다 알고 있는 것처럼 생각하는 것이 스스로 발전하는 데 있어 가장 큰 장애물이 될 수 있다. 문제는 자신이 잘 알지 못하고 있다는 그 사실을 인식하기 힘들다는 데 있다. 열린 마음이 없기 때문이다.
 자신의 생각을 고집하고, 다른 사람에게 본인의 생각을 강요하는 것, 그것이 진정한 앎의 세계에서 큰 병이라고 노자는 간파했다. 끊임없이 자신의 한계를 깨나가는 것, 이것이 진정한 앎의 세계로 나아가는 것인데, 자신이 옳다고 생각하는 것이 그 한계를 정해버리고 마는 것이다. 이로 인해 스스로의 가능성의 영역을 넓혀 나가지 못한다.
 우리가 살아가면서 주의해야 할 것 중의 하나가 바로 자기기만이다. 이는 자기 자신을 모르기 때문에 나타난다. 내가 무엇을 알고, 무엇을 모르는지, 어떤 것을 더 배우고, 어떤 것이 틀렸는지, 스스로 인식하려고 노력하는 것이 더 나은 나의 모습을 위해 가장 필요한 것이 아닐까 싶다.

가혹한 통치자

가장 행복한 국민은 자신의 통치자를 느끼지 못하는 백성들이다. 나라의 지도자가 있는지조차 모를 때 그 나라의 국민이 편하게 살고 있다는 증명이 된다.

권력 집단의 가장 큰 잘못이 바로 자신의 이데올로기를 국민에게 강요하려는 것이다. 자신들이 권력을 잡고 있고 많은 것을 할 수 있는 힘이 있기에 그들의 힘을 보여주고 싶고, 자신들의 생각을 널리 떨치고 싶어 하는 것은 어쩌면 인지상정일지 모르나, 이것이 그 권력 집단에게 가장 치명적인 실수가 될 수도 있다. 자신들의 뜻을 펼치기 위해 백성들을 생각하지 않는 잘못을 저지를 수가 있기 때문이다.

도덕경 72장은

民不畏威,
則大威至.
無押其所居,
無厭其所生.
夫唯不厭,
是以不厭.
是以聖人自知, 不自見,
自愛, 不自貴.
故去彼取此.

백성이 권위를 두려워하지 않으면 곧 혁명이 온다.
백성들이 그 사는 것에 지겹게 느끼지 않게 하라.
그 사는 바에 지겹게 느끼지 않아야
치자를 지겹게 느끼지 않는다.
그래서 성인은 스스로 잘 알면서도 자신을 나타내지 않고,
스스로를 사랑하면서도 스스로 존귀하다 하지 않는다.
그리하여 그것을 버리고 이것을 취한다.

　통치자가 백성에게 너무 가혹하게 한다면, 그 백성들은 그 권위를 인정하지 않는다. 자신들을 생각하지 않는다는 것을 너무나 잘 알기 때문이다. 이로 인해 그 권력 집단이 없어졌으면 하는 생각을 하게 된다.
　가장 기본적인 삶에 있어서 어려움이 생긴다면, 그 누구도 좋아하지 않는다. 최소한의 의식주가 해결이 되지 않는데 그 누가 살아가는 것에 만족을 할 수 있겠는가? 가장 기본적인 것이 어느 정도는 보장이 돼야 삶의 만족을 느낄 수가 있다. 사는 것 자체가 힘들고 지겨운데 그 누가 통치자를 좋아할 수 있겠는가?
　가장 훌륭한 통치자는 그 자신을 나타내지 않고, 자신의 뜻보다는 오직 백성들을 위해서만 힘을 쓰는 그러한 사람이다. 통치자의 존재 의의는 다른 곳에 있지 않다. 그저 국민이 마음 편해 먹고 살아가는 것에 힘에 부치지만 않으면 되는 것이다. 너무 많은 것을 하려는 통치자는 오직 자신의 목표를 이루기 위해 오히려 국민의 삶을 더 피폐하게 만들고 있는 것일 뿐이다.

실수는 나의 것?

 대학 4학년 때 운전 면허 학원에 갔다. 미국에 가기 전에 운전을 조금이라도 배워야 할 것 같아서였다. 1종 보통으로 신청을 하고 학원에서 연습을 하기 시작했다. 학원에 다닌지 일주일 정도 지났을 때, 코스 주행 연습을 하기 위해 기다리고 있었는데 내 앞에 있던 차가 갑자기 뒤로 조금씩 오는 것이었다. 당시 내 옆에는 학원 선생님도 타고 있지 않았다. 아직 차례가 되지 않아 혼자 앉아 대기하고 있었던 것이다. 대기하다가 내 차례가 되면 선생님이 내 옆에 타고 같이 코스 연습을 했었다. 앞에 있던 차가 자꾸 뒤로 오니 갑자기 겁이 나기 시작했다.

 어떻게 해야 하는 건지 전혀 알 수가 없었다. 운전대 잡아본 지 일주일 밖에 안 돼서 무엇을 해야 할지 너무 당황스러웠다. 나도 모르게 무의식적으로 후진 기어를 넣고 액셀을 밟았다. 내 차가 뒤로 조금 가더니 갑자기

"꽝"

하는 것이었다.

"아뿔사"

내 차 뒤에도 다른 차 한 대가 대기하고 있었던 것이다. 그 소리에 주위에 있던 모든 사람들이 전부 놀라 내가 있는 쪽을 쳐다보는 것이었다. 전부들 입에 떡 벌어진 상태로.

 잠시후에 선생님이 달려왔다. 상황을 보더니 선생님도 너무 놀라 할 말을 잃은 듯 했다. 내가 있던 운전석 쪽으로 와서 내리라고 하더니 선생님이 내 차를 다시 앞으로 빼서 다른 곳으로 끌고 갔다. 그리고 다른 차를 가지고 와서 나를 운전석에 앉히고 내 옆에 계속 앉아 있다가 주행연습을 했다. 나는 너무 놀란 상태로 주행 연습을 하는 둥 마는 둥 하고는 차

에서 내려왔다. 차 사고가 났으니 내가 물어줘야 할 것 같았다. 그랬더니 선생님은 학원에서 사고 나는 것은 다 학원책임이라고 했다. 너무 미안하고 죄송해서 쥐구멍에라도 들어가고 싶었다.

그건 나의 실수였다. 뒤로 후진할 때 뒤에 차가 있었는지 확인을 하고 했어야 했는데 경험도 없었던 나는 주저없이 뒤로 후진했던 것이다. 아무리 운전을 배운지 일주일밖에 되지 않았었지만 나의 조심성없고 신중하기 못함에서 비롯된 커다란 실수였다.

그 이후로도 나는 살아오면서 많은 실수를 했다. 내가 생각할 때 그러한 실수를 하는 이유는 많은 것들을 너무 쉽게 생각해서 그렇게 되는 경우가 대부분이었다.

도덕경 73장은

勇於敢則殺,
勇於不敢則活.
此兩者, 或利或害.
天之所惡, 孰知其故?
是以聖人猶難之.
天之道, 不爭而善勝,
不言而善應,
不召而自來,
繟然而善謀.
天網恢恢, 疏而不失.

강행하는 데 있어 용감한 자는 곧 죽고,
강행하지 않는 데 용감한 자는 곧 산다.
이 양자는 같은 용기지만

226

하나는 이롭고 하나는 해로운 결과를 만든다.
하늘이 미워하는 바는 무엇이며,
누가 그 이유를 알 것인가.
그러므로 성인은 모든일을 어렵게 생각한다.
하늘의 도는 싸우지 않으면서 잘 이기고,
말하지 않으면서 잘 응하고,
부르지 않아도 스스로 오고,
무심하게 하여도 잘 도모한다.
하늘의 그물은 크고도 넓다.
성긴 듯하나 놓치지 않는다.

 2,500년전 노자는 모든 일을 주저하며 어렵게 생각하고 행동하라고 한다. 그런데 내 성격은 그게 잘 안된다. 너무 무대포적이다. 주저함 없이 빠릇빠릇하게 하는 것이 나의 어쩌면 큰 단점이다. 책을 읽거나 어려운 문제를 풀 때는 꾱장히 신중한 것 같은데, 그 외에는 전혀 그렇지가 않다. 내가 생각해도 정말 이해가 안 간다. 생각하지 않고 일을 저지르고, 그로 인해 많은 어려움이 닥치고, 또 큰 문제가 생긴다. 이제는 정말 많이 주저하며 생활해야겠다는 생각을 한다.
 주저함 없는 나의 성격은 사람과의 관계에서도 마찬가지였다. 요즘 나한테 제일 무서운 건 사람이다. 사람을 믿지 말아야 한다는 건 예전부터 알고 있었지만 요즘 더욱 그렇다. 사람과의 관계에서 정말 많은 주저를 하면서 조심하고 신중해야 한다는 것을 뼈저리게 느낀다. 그 누구든지 나를 배신할 수 있다. 그냥 믿고 나의 모든 것을 주었던 과거가 나를 혼란스럽게 한다. 이제는 정말 조심스럽다. 나는 이제 나의 마음을 아무한테나 주는 것이 겁이 난다.
 하지만 어쨌든 이제는 사람과의 관계에서 주저함이 필요한 것 같다. 내가 가지고 있는 것을 아꼈다가 주어야겠다는 생각을 한다. 아무 생각없이 그냥 다 주었더니 돌아오는 것도 없고 오히려 상처만 받는다. 믿었던 주위 사람들이 끝까지 내 옆에 있었으면 좋겠다. 나는 이제 새로운 사람을 사귀거나 친해지거나 할 그런 여유가 없기 때문이다.

　이제는 모든 사람들이 어렵다. 그래서 아마 실수는 줄어들지 모르겠다. 하지만 그 만큼 내 마음을 줄 기회는 줄어들 수 있다는 마음에 왠지 서글퍼진다. 하지만 이제 노자의 가르침을 따르기로 했다. 실수는 더 이상 나의 것이 아니기를 바라기 때문이다.

법치의 한계

 현재 우리는 민주주의와 법치주의라는 원리 하에 살아가고 있다. 하지만 제도에는 완벽한 것이 없다. 법치주의만 하더라도 법은 항상 바뀌어 왔다. 시간이 지나면서, 정권이 바뀌면서 법은 수시로 바뀌게 된다. 이는 법치주의가 한계를 말한다.

 물론 이러한 제도가 현대에 있어서 그나마 가장 이상적인 것이라 할 수는 있다. 더 좋은 제도가 있었다면 우리는 그것을 따랐을 것이기 때문이다.

 우리의 삶이 통치자의 횡포로 너무 고통스럽게 된다면, 민중은 혁명을 통해서라도 새로운 시대를 연다. 프랑스 혁명이 대표적이라 할 수 있다. 만약 백성의 삶이 그나마 넉넉하다면 국민은 사는 데 별 지장이 없으므로 자신의 삶 외에는 별로 관심이 없다. 하지만 그런 가운데에서도 여러 가지 나쁜 일을 벌이는 범죄자 집단이 있다. 이러한 세력을 국민은 일일이 간섭할 수가 없기에 국가가 나서야 한다. 이것이 곧 법치주의이다.

도덕경 74장은

民不畏死, 奈何以死懼之?
若使民常畏死, 而爲奇者,
吾得執而殺之.
孰敢?
常有司殺者殺.
夫代司殺者殺,

是謂代大匠斲,
夫代大匠斲者,
希有不傷其手矣.

백성들이 통치자의 학정으로
죽음을 두려워하지 않는데,
어찌 죽음으로써 그들을 두렵게 하랴.
비록 백성들이 항상 죽음을 두려워하여
평온한 세상을 살고 있을 때
부정을 저지르는 자를
잡아서 죽일 수 있다고 한들,
누가 감히 이를 행할 것인가.
항상 사살자가 있어서 죽이는 것이니,
대저 사살자가 대신하여 죽이는 것,
이것을 목수를 대신하여 나무를 찍는 것이라 하거니와,
목수를 대신하여 나무를 찍다가
그 손을 다치지 않는 자는 드물다.

　하지만 법이라는 것이 완벽하지가 않아, 그 수많은 사회적 현상을 얼마 안 되는 법조문에 담을 수는 없다. 국가는 그러한 한계를 가지고 이를 판단하고 집행해 나가야 한다. 여기서 문제가 발생할 수 있다.
　법이라는 것이 인간이 만든 것이기에 부족한 면이 없을 수 없고, 이를 기반으로 집행하고 판단하는 것 또한 사람이 하는 것이기에 문제가 생기지 않을 수 없다. 행정부의 법의 집행 과정에서 사법부의 법의 해석에 있어서 발생한 수많은 문제가 이를 대변하고 있다.
　살인하지 않았는데도 불구하고 살인을 했다는 사법부의 잘못된 판단돼 있을 수 있고 이로 인해 아무런 죄도 짓지 않은 사람이 억울하게 징역살

이를 하게 되기도 한다. 간첩죄를 짓지도 않았는데, 조사 과정에서 잘못이 생겨 선량한 시민을 하루아침에 간첩으로 만들어 버리기도 한다.

우리는 이러한 제도적인 한계를 깨나가려는 노력을 항상 해야 한다. 그렇지 않다면 너무나 억울하게 특별한 잘못이 없는데도 불구하고 정권의 희생양이 될 수도 있기 때문이다. 완벽한 제도는 없기에 항상 더 나은 제도로 발전시켜 나가야 한다는 모든 사람의 마음가짐이 진정으로 건강한 사회로의 길이 아닐까 싶다.

하지 않음이 함보다 낫다

정부나 국가가 존재하는 이유는 오로지 국민 때문이다. 국민이 더욱 잘 살고 행복하고 커다란 문제 없이 편하게 살아가게 해주는 것이 바로 정부나 국가의 존재 의미라 할 것이다.

하지만 너무 많은 것을 하려는 정부는 현명한 권력 집단이 아니다. 오직 자신의 욕심을 채우기 위한 집단으로 변하기 쉽다. 국민의 모든 것을 책임지고 하려는 정부는 진정한 정치를 하는 데 있어 커다란 문제를 만들 가능성이 크다. 그 누구도 완벽한 것을 할 수는 없기에 해야 할 것과 하지 말아야 할 것을 구분하는 것이 정부가 해야 할 가장 첫 번째 과제라 할 것이다.

도덕경 75장은

民之饑, 以其上食稅之多,
是以饑.
民之難治, 以其上之有爲,
是以難治.
民之輕死, 以其上求生之厚,
是以輕死.
夫唯無以生爲者,
是賢於貴生.

백성들이 굶주리는 것은

윗사람들이 세금을 먹음이 많음으로써,
이 때문에 굶주리는 것이다.
백성들을 다스리기 어려운 것은
그 윗사람의 작위가 있음으로써,
그 때문에 다스리기 힘들다.
백성들이 죽음을 가볍게 여기는 것은
그 생을 구함이 너무 두터워,
이 때문에 죽음을 가볍게 여긴다.
대저 단지 생으로써 작위함이 없는 자는,
생을 귀히 여기는 자보다 나은 것이다.

　국민의 복지를 엄청나게 책임지겠다고 것도 실제는 더 큰 문제를 만들 수 있다. 이를 위해 천문학적인 세금을 걷어 들이거나 채권을 발행해야 하고, 이도 모자라 국가 재정에 엄청난 빚을 내게 된다면 이것은 우리 다음의 후손들이 갚아야 할 상상을 초월한 엄청난 채무의 부메랑으로 돌아올 수밖에 없다. 우리 후손에게 아무런 빚도 남겨주지 않는 것이 현재 우리가 해야 할 가장 중요한 일 중의 하나가 아닐 수 없다.

　권력 집단은 인기를 위한 집단이 아니다. 무조건 돈을 많이 쓰고 백성들에게 무언가를 베푼다고 해서 그 집단이 진정으로 국민을 위하는 것이 아니다. 그 엄청난 돈은 권력 집단의 호주머니에서 나온 돈이 아닌 어차피 국민의 지갑에서 나온 것일 뿐이다. 더 많은 혜택과 복지는 적당한 선 이상을 넘어가지 않는 것이 현재의 우리 세대와 다가올 미래세대를 위한 진정으로 사려 깊은 행위이다.

　하지 않음이 함보다 더 낫다는 말이 바로 이것이 아닐까 싶다.

꺾이고 마는 것

많은 사람을 접해 보면 부드러운 사람이 있는가 하면, 거칠고 딱딱한 사람이 있다. 사람 나름이겠지만은 대부분의 경우, 우리는 부드러운 사람과 함께 하고 싶어 한다.

다른 사람을 비판하고 비난하는 사람을 만나게 되면, 왠지 그 사람을 피하고 싶어진다. 그가 말을 잘하고 똑똑해 보일지는 모르나 그와 함께 하는데 있어서는 많은 부담감을 느끼기에 함께 시간을 보내고 싶은 마음은 솔직히 별로 없다.

나하고 이야기할 때 다른 사람에 대해 욕을 하는 경우, 그 사람을 경계하게 된다. 그 사람이 내가 싫어하는 사람에 대한 욕을 할 때도, 왠지 그와 나중에 무언가를 하고 싶은 마음은 생기지 않는다. 그는 분명 내가 없는 자리에서 다른 사람에게 나에 대한 욕을 할 가능성이 크기 때문이다.

도덕경 76장은

人之生也柔弱,
其死也堅强.
萬物草木之生也柔脆,
其死也枯槁,
故堅强者死之徒,
柔弱者生之徒.
是以兵强則不勝,
木强則兵.

強大處下, 柔弱處上.

사람이 날 적에는 유약하고,
죽으면 견강하다.
만물 초목이 살았을 때는 부드럽고,
그것이 죽으면 말라서 딱딱하다.
그러므로 견강한 것은 죽음의 무리,
유약한 것은 삶의 무리이다.
이리하여 병기도 강하면 이기지 못하고,
나무도 강하면 곧 꺾인다.
강대한 것은 아래에 있고,
유약한 것은 위에 있는 것이다.

  부드러운 것은 유연하여 강한 외부에 의해서도 꺾어지거나 부러지지는
않는다. 하지만 딱딱하거나 강한 것은 부러질 가능성이 크다.
  너무 강하고 거친 사람에게는 다른 사람이 잘 모이지 않는다. 일단 심
적으로 중압감을 느끼기 때문이다. 다른 사람을 있는 그대로 받아주고,
많은 것을 포용해 주는 사람, 자신의 뜻이 분명히 있지만, 그것을 강하
게 밀어붙이지 않는 사람, 항상 여유를 가지고 따뜻하게 대해주는 사람
에게 많은 사람이 몰리게 된다.
  따라서 부드러움은 생명이며 삶이라 할 수 있다. 아이들이 따뜻한 엄마
품을 그리워하는 것이나 마찬가지이다. 자신이 너무 강하거나 딱딱하다
면 스스로 부드러워지려고 노력할 필요가 있다. 많은 사람이 자신을 좋
아하고 따른다면 그만큼 인생은 풍요롭고 기쁨이 넘칠 것이다. 오늘 나
는 다른 사람들에게 부드러워지려 노력을 했을까? 매일 자신을 돌아보
며 따뜻한 마음을 가지려 노력해 보는 것은 어떨까?

자연과 인간의 차이

 자연의 원리는 남는 것은 부족한 곳으로 이동하고, 부족한 것은 남는 것으로부터 받는 것이다. 대기의 흐름을 보면, 바람은 공기의 밀도의 차이로부터 이동하는 것이다. 밀도가 큰 데서 작은 데로 이동하기 때문에 바람이 불고 이 바람은 모든 생명체에 산소를 공급하여 그 생명을 유지할 수가 있다.

 하지만 사람이 살아가는 사회는 오히려 거꾸로인 경우가 많다. 여유 있고 많은 곳에서 적은 쪽으로 가는 것이 아니라 오히려 그 반대의 경우가 더 많다. 가진 자는 시간이 지날수록 더 많이 가지게 되고 없는 사람은 점점 더 생활하기가 힘들어지는 경우가 너무나 흔하다.

도덕경 77장은

天之道, 其猶張弓與!
高者抑之, 下者擧之.
有餘者損之, 不足者補之.
天之道,
損有餘而補不足.
人之道, 則不然,
損不足以奉有餘,
孰能有餘以奉天下?
唯有道者.
是以聖人爲而不恃,

功成而不處,
其不欲見賢.

하늘의 도는 마치 활대를 휘는 것과 같다고나 할까.
높은 것은 아래로 누르고,
낮은 것은 위로 높이고,
여유가 있는 것은 이를 덜고,
부족한 것은 이를 보충한다.
하늘의 도는 여유가 있는 것을 덜어내어서
부족한 것을 보충하는데,
사람의 규범은 그렇지 않아
부족 한데서 덜어내어
여유가 있는 것에게 바친다.
그런데 누가 진실로 여유가 있어서
천하에 봉사할 것인가.
오직 유도자일 뿐이다.
그러므로 성인은 하고도 자랑하지 않고,
큰 공을 이루고도 그 속에 처하지 않으며,
그 현명함을 나타내려 하지 않는다.

　모든 생명체는 상생을 하는 것이 가장 이상적이다. 권력이 집중되면 혁명이 일어나기 마련이며, 부가 집중되면 폭동이 발생할 수밖에 없다. 보다 나은 방향으로의 이동이 모든 것을 편안하게 해준다.
　사람은 자신의 욕심의 화신이 되어 이러한 것을 인식하지 못한 채 그냥 살아갈 뿐이다. 마음을 열고 깨어 있지 않는 이상 이러한 불균형한 이동은 개인뿐만 아니라 사회에 커다란 문제를 발생시킬 수가 있다.
　자연의 원리를 이해하는 사람, 즉 도를 아는 자들이 많을수록 그 사회는 건강할 수 있다. 자연의 순리는 모든 것에게 유익하다. 자연의 흐름과 반대의 경우에는 무슨 문제가 발생하지 않을 수가 없다. 원리에 부합하지 않기 때문이다.

우리 모두가 그 원리를 이해하고 실천하려고 노력해야 할 필요가 있다. 보다 많은 사람들이 함께 누리고 살아갈 수 있는 환경이 이루어진 사회, 그 사회가 진정으로 건강한 사회가 아닐 수 없다.

물은 원리를 알고 있다

　자연의 세계에서 물처럼 부드러운 것은 없다. 또한 물을 이기는 것도 없다. 물은 어디든 갈 수 있으며 모든 것을 다 포용할 수도 있다.

　많은 이들이 물처럼 살라고 한다. 아무런 어려움 없이 어디든 갈 수 있고, 다른 모든 것과 조화로울 수 있고, 그 모든 것을 다 포용하여 함께 갈 수 있다. 하지만 사람들이 물처럼 살아간다는 것이 결코 쉬운 일은 아니다. 아무것도 아닌 듯한 존재 같기도 하고, 무색무취하며 특별히 잘 나 보이지도 않는다. 힘이 없는 것 같기도 하고 강해 보이지도 않기 때문에 사람들은 별 흥미를 느끼지 못한다.

도덕경 78장은

天下莫柔弱於水,
而功堅强者莫之能勝,
以其無以易之.
弱之勝强, 柔之勝剛,
天下莫不知, 莫能行.
是以聖人云,
受國之垢, 是謂社稷主,
受國不 祥, 是謂天下王.
正言若反.

천하에 물보다 유약한 것은 없으나

딱딱하고 강한 것을 치는데 물을 이기는 것이 없다.
이는 물의 기능을 대신할 수가 없기 때문이다.
약한 것이 강한 것을 이기고,
부드러운 것이 단단한 것을 이기는 것은
천하에 모르는 자가 없지만,
진실로 실행하는 자는 없다.
그러므로 성인이 이르기를
나라의 오욕을 인수하는 것,
이를 사직의 주인이라 하고,
나라의 불행을 인수하는 것,
이를 천하의 왕이라 한다고 했다.
이와 같이 바른 말은 진실에 반대되는 것 같다.

물은 유약해 보여도 물을 이길 수 있는 것은 거의 없다. 물은 또한 자연의 원리를 철저히 따라간다. 어느 한 곳에 정착하여 계속해서 그곳에 머물지 않는다. 물은 흘러가면서 새로운 세계를 만나고 그런 가운데 자신은 섞지 않고 계속해서 앞으로 나아간다.

물은 모든 것을 품어 함께 갈 수 있다. 또한 어떤 일을 만나도 후퇴하거나 머무르지 않는다. 식물이나 동물 등 모든 생명체의 보존을 위한 가장 중요한 원천을 공급하기도 한다. 물이 있으므로 지구상의 모든 것이 생존할 수 있다.

물은 없는 곳이 없고, 온 천하에 모든 곳에서 존재한다. 땅속이나 땅 위에서 그리고 공중에서도 물은 존재한다. 물은 지구에서 가장 필수적이기에 그만큼 커다란 가치가 있다.

아무것도 아닌 듯 하나 지구상에서 가장 중요한 존재라 할 수 있는 물의 원리는 우리가 삶을 살아가는 데 있어서도 중요한 원리라 아니할 수 없을 것이다.

현대의 연산군

연산군은 폭군이기도 하였지만 모후의 죽음에 대한 원한도 많았다. 인수대비는 그의 아들 성종에게 연산군 어머니의 죽음을 철저히 비밀로 부쳤다. 어머니의 죽음을 바라만 보는 자식은 없다. 연산군이 왕위에 오르자 모후의 죽음의 배후를 캐기 시작했다. 인수대비는 연산군의 그러한 노력을 가차없이 나무랐지만, 핏줄은 다른 것이다. 마침내 모후의 죽음을 방치한 사림들에 대한 연산군의 복수는 처참하게 시작되었고 이는 광기로 이어졌다. 브레이크 없는 기차의 폭주는 막을 수가 없었다. 조선 역사상 최고의 폭군은 그렇게 탄생된 것이다. 연산군의 가슴 속 깊은 곳에 있었던 원한은 마침내 광인의 임금으로 연산군을 몰아갔다.

두 번의 커다란 사화로 조정은 초토화 되었다. 모후의 사사와 관련된 선왕의 후궁들을 잡아 자루속에 넣고 그녀들의 자식들로 하여금 때려 죽이게 만들었다. 연산군의 행태에 진노하는 친할머니였던 인수대비의 가슴팍에 술상을 집어 던졌다. 이로 인한 화병으로 인수대비는 세상을 떠났다. 훈구파와 사림파의 권력 투쟁, 연산군 본인의 성정 자체 등 다른 이유로 인한 것도 많이 있겠지만, 연산군의 친모의 죽음에 대한 원한도 무시할 수 없는 사실일 것이다.

원한은 풀지 않으면 광기로 되기에 너무나 쉽다. 객관적인 안목을 완전히 차단시킨다. 뿐만 아니라 그 원한에 사로 잡혀 자신이 무엇을 하고 있는지 조차 모를 수 있다.

도덕경 79장은

和大怨, 必有餘怨,
安可以爲善?
是以聖人執左契,
而不責於人.
有德司契, 無德司徹.
天道無親, 常與善人.

큰 원한은 화해하여도 반드시 남는 원한이 있으니,
어찌 참으로 선처했다고 할 것인가.
그러므로 성인은 할부의 왼쪽만을 잡아 남을 책하지 않는다.
속담에 덕이 있는 자는 여유롭게 거래하고,
덕이 없는 자는 현물로 각박하게 받는다.
천도에는 친함이 없는데
항상 선인과 함께 하는 것이다.

　원한은 가까운 사람으로부터 온다. 먼 곳에서 원한이 생기는 경우는 드물다. 나하고 친했던 사람, 내 주위에 있었던 사람으로 인한 원한이 대부분이다.
　나하고 친하지 않았던 사람, 내가 잘 모르는 사람하고는 어떤 관계도 없기에 그로부터 원한이 생길 일은 별로 없다. 내가 믿었던 사람이 나에게 복수를 하고, 나와 많은 시간을 함께 했던 사람이 나에게 상처를 주게된다. 그로 인한 원한은 풀기조차 힘들다. 평생 앙금이 되어 서로가 광기를 가지고 갈데까지 가게 될 수 있다. 일종의 치킨게임이 될 수 있다.
　조그만 원한은 시간이 흘러 모든 것을 파괴할 수 있다. 인류 역사에서 그러한 광기는 수도 없이 많았다. 원한을 만들지 않는 이가 선인이다. 거기에 길이 있다. 원한이 있다면 그 원한을 갚으려 하다 자신마저 미치광이가 될 수 있다. 원한을 더 이상 키우지 않음이 현명하다. 원한을 풀어야 할 길을 찾아야 한다. 원한을 갚기 위한 길을 찾으려 한다면 그가 현대의 연산군이 되는 것이다.

진정한 국가

국가의 본질은 어디에 있을까? 다름 아닌 국민을 위한 것에 있다. 국민을 위한다는 것은 무엇일까? 걱정 근심 없이 살게 해주는 것이다. 권력이 바뀌어도 별 차이를 느끼지 못하는 것은 무슨 이유일까?

국가나 정부가 모든 것을 다 하려고 하는 데 그 이유가 있는 것은 아닐까? 권력이 바뀌면 새로 판을 짜서 다시 시작하려는 욕심 때문이 아닐까? 노자는 진정한 국민을 위한 국가는 그리 큰 욕심을 부릴 필요가 없다고 말한다.

도덕경 80장은

小國寡民.
使有什佰之器而不用,
使民重死而不遠徙.
雖有舟輿, 無所乘之,
雖有甲兵, 無所陳之.
使人復結繩而用之.
甘其食,
美其服,
安其居,
樂其俗.
隣國相望,
鷄犬之聲相聞,

民至老死, 不相往來.

작은 나라에 적은 백성,
여러 가지 기물이 있지만 이를 사용하지 않게 하고,
백성으로 하여금 죽음을 중하게 여겨 멀리 이사하지 않게 한다.
배와 수레가 있긴 하지만 이를 탈 일이 없고,
갑옷과 무기가 있긴 하지만 사용할 일이 없다.
사람들로 하여금 매듭을 묶어 약속의 표시로 사용하고,
그 음식을 달게 먹고,
그 의복을 아름답게 입고,
그 거처에 안주하고,
그 풍속을 즐거워한다.
이웃나라를 서로 바라보고,
닭과 개의 소리가 서로 들려도,
백성이 늙어 죽음에 이르기까지
서로 왕래하지 않는다.

　국민이 바라는 것은 별로 큰 것이 없을 것이다. 의식주만 잘 해결되고 평화만 유지되면 된다. 더 큰 것을 바라는 백성은 그리 많지 않다. 권력의 욕심이 나라를 망친다. 그 욕심은 모든 것을 권력을 잡은 이들의 이데올로기의 방향에 향하기 때문이다.
　진정한 이데올로기는 국민 그 자체에 있다. 권력을 잡은 이들이 많은 것을 하려 하지 않았으면 좋겠다. 이전 정부가 잘 했던 것조차 뒤집지 말았으면 좋겠다.
　유토피아는 없다. 그것을 꿈꾼다는 것은 허상이요, 몽상이다. 그저 조그마한 자신들의 집에서 편안한 옷을 입고 평화롭게 삼시쎄끼 먹을 수 있도록 해주는 것, 그것이 국가는 그 정도만 할 수 있어도 충분하다.

말을 잘 못하니

나는 말을 그리 잘 하지 못한다. 심지어 많이 더듬거리기도 한다. 군대에서 말을 더듬는다고 많이 혼나기도 했다. 신병교육대에서 낮에 훈련받을 때 방독면 쓰는 순서를 외우라고 교육받았다. 취침시간이 돼서 점호를 하는데 일직사관이 갑자기 내 앞으로 오더니 방독면 쓰는 순서를 외워보라고 시켰다.

"까스, 써, 검사, 벗어, 닫아, 넣어"

이 여섯 단어를 빨리 말하지 못해 더듬거렸고 일직사관의 노여움을 샀다. 우리 내무반의 전체 기합으로 이어지려는 찰나, 평상시 말을 더듬는다는 것을 아는 내무반장이 나 보기가 불쌍했는지 일직사관에게 슬쩍 얘기를 해주는 바람에 전체 기합은 받지 않았다. 그때 내무반장은 제대를 한달 앞둔 김대성 병장이었다. 그 짧은 기간의 인연이었지만 30여년이 지났는데도 그의 이름이 기억나는 이유는 그 도움이 마음속으로 정말 고마웠었나 보다.

게다가 내 목소리는 개떡 같다. 처음 나를 만나는 사람들은 내 목소리를 듣고 다 도망간다. 예전에 소개팅을 많이 받았는데 내 목소를 좋아했던 여자는 단 한명도 없었다.

고등학교 다닐 때 나는 하루종일 거의 한마디도 하지 않고 지낸 적이 대부분이었다. 내 앞 자리에 앉아 있던 친구는

"제발 하루에 세 마디라도 하고 살아라"

할 정도였다.

하지만 나는 정말 세 마디 하는 날도 드물었다. 내가 말을 하면 친구들은 나를 많이 놀렸다. 나는 그 놀림이 너무 싫었다. 그래서 나는 침묵으

로 고등학교 3년을 지냈다. 말을 안하니 존재감도 전혀 없었다.

학교 다닐 때 앞에 나가서 발표를 하는 것에도 트라우마가 있었다. 다른 사람들 앞에 서면 눈앞에 아무것도 보이지 않고 덜덜 떨려서 목소리마저 흔들렸다. 그래서 학창 시절 발표하는 것은 거의 하지 않았다.

그런데도 지금 대학에서 강의를 하는 것을 보면 나도 이해가 안 간다. 내 수업을 듣는 학생들은 어쩌면 너무 불쌍한 것일지도 모른다. 말 잘하지 못하는 교수의 강의가 얼마나 재미없을까? 유모 감각도 전혀 없고 이상하고 어려운 얘기만 하니 수업시간이 따분할 수 밖에 없을 것이다. 그런데도 폐강이 안 되고 학생수가 적지 않은 것을 보면 귀신이 곡할 노릇이다. 내가 강의하는 모습을 찍은 동영상을 보면 정말 보아 줄수가 없다. 나는 그래서 내 수업 듣는 학생들이 너무 고맙고 사랑스러울 수밖에 없다.

나는 따지는 것에도 젬병이다. 말빨이 전혀 세지가 않다. 토론에 나서는 경우는 전무하다. 그래서 물리학을 하는가 보다. 만약 법학을 했다면 망했을지도 모른다. 친구들하고 얘기할 때도 주로 듣기만 하지, 내 의견을 그리 많이 말하지는 않는다. 그래서 나는 내 주위의 모든 친구가 나의 사부님이다.

나는 말 잘하는 사람은 겁난다. 따지는 것 잘 하는 사람도 무섭다. 왜냐하면 말 잘 못하고 따질 줄 모르는 나는 그런 사람들로부터 많은 멸시를 받아 왔다. 말 잘하는 사람, 잘 따지는 사람은 누구나가 나를 무시해 온 것이 사실이다. 예외가 거의 없었다.

누구하고 말싸움을 한다면 해봤자 질게 뻔하다. 아예 시도도 하지 않는다. 주위의 많은 사람들이 나와 말싸움을 하면 내 승률은 거의 0에 가깝다. 그래서 나는 다른 사람들에게 많은 승리를 안겨준다. 그런 과정에서 상대방은 우뚝 서고 나는 몰락한다. 그래서 많은 주위의 많은 사람들은 나의 의견을 잘 듣지 않는다.

하지만 나에게 구세주가 나타났다. 바로 노자다.

도덕경 81장은

信言不美, 美言不信,
善者不辯, 辯者不善,
知者不博, 博者不知.
聖人不積,
既以爲人己愈有,
既以與人己愈多.
天之道, 利而不害,
聖人之道, 爲而不爭.

진실한 말은 아름답지 않고,
아름다운 말은 진실하지 않다.
선한 자는 따지지 아니하고,
따지는 자는 선하지 않으며,
참으로 아는 자는 박식하지 않으며,
박식한 자는 참으로 알지 못한다.
선인은 축적하지 않으며,
이미 남을 위하므로,
자기는 더욱 여유가 있으며,
이미 남에게 주므로 자기는 더욱 많아진다.
하늘의 도는 이롭게 할 뿐 해하지 않으며,
성인의 도는 남을 위할 뿐 싸우지 않는다.

　도덕경 81장을 읽고 나는 노자가 눈물겹게 고마웠다. 말을 잘 못하는
나에게 용기를 준 2,500년 전의 노자가 이제 나의 친한 친구가 되지 않
을 수 없는 이유다.

모든 것을 이롭게 한다는 것은 무엇일까? 그게 가능할까? 가능하다. 다 포용하면 된다. 내가 지면 된다. 더 이상의 다툼은 없다. 따지지 않으면 되는 거다.

　자신만을 위해 살아가는 경우 남는 것은 자신밖에 없을 것 같다. 따지기를 좋아하는 것이 똑똑해 보일지 모르나 덕이 쌓이지는 않는다. 그러기에 그런 사람에게 마음을 주기는 힘들다. 나도 따지는 사람들에게 마음을 주기는 쉽지 않다. 웬지 그런 분들하고 같이 하는 것이 마음이 불편하다. 자신은 어떤 손해도 보지 않으려 하는 것이 어떻게 보면 현명할지 모른다. 하지만 다른 사람의 마음은 얻지 못한다.

　나는 이제 말 잘 못하는 것이 두렵지 않다. 잘 따지지 못해도 걱정 없을 것 같다. 노자가 있는데 무슨 걱정인가? 다른 사람이 알아주지 않아도 노자가 이제 나의 친구가 되었으니 천군만마를 얻은 것이 아닌가? 말을 잘 하지도 잘 따지지도 못하는 나지만 그래도 나를 알아주는 사람이 가끔은 있다. 나는 그 사람에게 나의 마음을 다 열어 주려 한다. 그가 나에게는 노자같은 친구이기 때문이다.

참고문헌

노자가 옳았다, 김용옥, 통나무
노자와 21세기, 김용옥, 통나무
노자 강의, 김충렬, 예문서원
도덕경, 소준섭, 현대지성
노자 도덕경, 박일봉, 육문사
노자 도덕경, 김원중, 휴머니스트
노자 도덕경과 왕필의 주, 김학목, 홍익출판사
나 홀로 읽는 도덕경, 최진석, 시공사

도덕경의 이해

노자와 함께 하는 삶의 원리

鄭泰成 著 　　　　　값 15,000원

초판발행 　2021년 9월 5일
지 은 이 　정태성
펴 낸 이 　정주택
펴 낸 곳 　도서출판 코스모스
등록번호 　414-94-09586
주　　소 　충북 청주시 서원구 신율로 13
대표전화 　043-234-7027
팩　　스 　050-7535-7027

ISBN 979-11-91926-01-9